U0109862

韓晗 著

話語的秩序
——文化當代性諸問題批判

認識大陸作家系列

融化在心裡的雪
無法捉摸還是冷暖自知
泥土如回憶般
溫暖著血液裡的傷口
你說，不希望看到我的傷
但我
卻願意沉浸
這春寒裡的念想

二〇一〇年三月八日，從武漢至黃石途中

自　序

　　與王曉明先生類似，最近幾年，我一直在寫著三種文字，一種是系統性的文字，這類文字接近於龐大的建築工程，在一開始砌磚搭瓦的時候，總覺得前面找不到一個盡頭，但每當寫到一半的時候，卻總能尋找到些許成就的快感。譬如在傳媒大學忙於撰寫那本《中國當代文學發展三十年》時，是萬萬沒有想到這本書會在臺灣出版，而且受到這麼多的好評，只是覺得當時寫作的過程是有趣的，幾個意象在腦海裡總是揮之不去：寒冷的北京冬天，暖黃燈光的寢室，明亮的自習室，以及京通快速路上的鐵橋。

　　所以說，寫作是一個艱苦的體力活。我卻喜歡同時開始幾個系統的工程，一般來說，寫作者都不太喜歡嘗試這種吃力不討好的工作，如果其中有一本夭折，或許就會導致剩下的幾本書也沒了結果。而我喜歡挑戰長時間的寫作與長時間的閱讀，當然，這種想法或許有些令人覺得不可思議，但是，正是這種持久性的創作，才會導致有著長篇小說與系統專著的出版。

　　但是這種文字卻很難在短期內獲得評價——無論是好評還是批評，都屬於自我的，較為封閉的。而另一種文字，則是跨專業、跨領域的文字，它包含著廣泛意義上的社會批評、時事評論、散文隨筆、學術對話與人物訪談，這類雜文類的文體很容易鍛煉一個人

的判斷力與洞察力，也很容易洗去我身上的「學院派」氣息，對於文字的接受者來說，文字始終是給人看的，令人望而卻步的「學院派」氣息，不要也罷。

另一種文字卻是介於這兩種文字之間，我還沒有被能夠具備上「散文家」、「雜文家」的資格，但是忝列作協會員之列，「作家」的帽子卻不得不戴上──既然是「作家」，就必須要坐在家裡，要寫，要讀，還要思考，這第三種文字，就是這樣出來的。

近年來，從四川、香港、北京再到湖北，一路寫讀一路寫，每篇文字都在萬言左右，目的明確，為的是說明一個問題。涉及面大體在文化領域，絕不像第二類文字一樣隨意越界。這類文字寫出來了，總有一些期刊、會議願意發表，但在發表，轉載、摘錄的過程中卻總喜歡被修改，不是有意或是無意弄錯了我的名字、職務、學歷甚至單位，就是將文章刪改修正。拿到手，總覺得不舒服，但是想一想，在這個時代做學術，本身就不是一件太容易的事情。

正是因為如此，在這裡才有了將這些文字重新整理出版的打算。這些文字比較零散，缺乏一個比較共同的主題，但都是為了審理一個關於話語的秩序。所謂話語的秩序，實際上是指對於當代文化體系內「共同語言」的梳理與整理，媒介也好，戲劇也罷，他們本屬於不同的學科，但是以當代文化為支點進行考量時，它們外部的話語秩序就會顯露出來，成為彼此共同的規律。

當代性的文化，意義就在當下，從秩序上看屬於「無序」的文化，如何在「無序」中建立新的話語秩序？這是擺在所有思考者面前的問題。大家都在談當代性，就像當年的後現代與現代性一樣，一個原本嚴肅的命題，在社會科學中很容易淪落為偽命題，最大的

原因恐怕還是因為在一個全新的語境裡，很多概念都等待著重新審理，很多問題都等著大家去共同解決，大家最常說的「體系」並未完全徹底地建立起來，當然，在這些事情沒有解決之前，對於話語的新秩序，只能是奢求。而我，則願意與大家一道在解決具體問題上，起到一點拋磚引玉的積極作用。此外說明一下，以前在其他報章、論文集以及互聯網上看到的文章，各方面都有刪改，一切以本著內所修訂的內容為主。

感謝臺灣資深出版家蔡登山先生與本書責任編輯林泰宏先生、封面設計師姜春平先生長期以來對筆者的關心，以及對這個小冊子所傾注的心血，感謝瑪拉沁夫、陳應松、Colin Sparks、周華斌、王達敏、魏若冰、胡光波、陳曉明、劉麗文、路應昆、胡正榮、陳衛星、申丹、許鈞、楊燕、周靖波、趙毅衡、吳秀明、葛紅兵等前輩老師就部分論文所提出的修改意見，同樣向《中國社會科學文摘》的黨生翠老師、《人大複印資料》的高豔、呂卓紅兩位老師等編輯前輩致以謝意。

國家圖書館、首都圖書館、香港中文大學圖書館、中國傳媒大學圖書館、黃石市圖書館與中國社會科學院圖書館等單位曾就這些論稿的完成提供了大量資料，在此謹致謝忱。

長話短說，毛錐暫擱，謹以此為序，誠盼臺灣諸同仁批評指正，筆者將洗耳恭聽。

僅以這本小冊子，獻給承諾永遠不用說感謝的你，當你看到這本書的時候，相信你一定能感覺得到。

韓晗

二〇〇九年十月十九日於小茗堂

目　錄

關於文學

關於戲劇

關於媒介

導　論

　　作為當代語境最重要的傳播手段，媒介已經開始由資訊傳播過渡到知識生成。從這點看，媒介批評具備著更為深遠的批評視野與觀察空間。

　　〈後現代語境下的個人敘事、大眾傳播與媒介失語〉從傳統出版與網路傳播入手，在知識生產的高度，對媒介的作用予以了較為深入的批評審理。

　　〈文化批評、媒介傳播與讀圖時代的審美症候〉從媒介、圖像與文化本體三者之間的規律入手，論述了當代語境下接受美學因媒介而發生的改變。

　　〈大眾話語空間的建立與都市媒介文化的崛起〉則獨闢蹊徑，以建構於大眾文化與新聞史層面上的「媒介生產」進行了系統的分析與批評。

　　除此之外，〈傳統戲曲如何實現與互聯網傳播的聯姻〉是一篇關於批評傳統戲曲與互聯網傳播的評論，旨在結構一種「傳統」與「當代」的媒介對話。

　　而〈代際歷史、文化認同與暢銷圖書〉則是從文學與媒介的關係為出發點，進行以暢銷書為核心的媒介考察。

　　這五篇文章各自佔有不同的領域，從戲曲、文學、出版、互
聯網與廣播分別入手，縱橫比較，體現了批評者較為開闊的觀察
空間。

後現代語境下的個人敘事、大眾傳播與媒介失語

——「博客出版」諸問題再反思

　　源於網際網路的博客出版（Blog publish）既是一種新興的出版形式，也是互聯網傳播的一種延伸和擴展。在後現代語境下，這種全新出版形式更是彰顯出了其以消費文化、流行文化等新興文化代言與傳播的本質。本文以「博客出版」為再反思的出發點，論述後現代知識狀況中大眾傳播的一些特質與問題。

一、博客的傳播學定義

　　所謂博客（Blog），即是由網路（Web）和日誌（Log）兩個單詞複合出來的一個派生詞彙。由於臺灣閩南語將其音譯為「部落格」，故中文亦意譯其為「網路日誌」。這種帶有強烈個人性的網路媒體形式誕生於上個世紀末。學術界普遍認為，一九九八年曝光柯林頓性緋聞的德拉吉報導（Drudge report）則是博客傳播的真正濫觴。短短十年時間，「博客」這個新生事物從全球僅有三十幾個博客網站的萌芽，已經發展到了數以億計的地步。

　　學術界普遍認為，博客具備三個方面的應用：一是新的個人人際交流方式；二是以個人為中心的資訊過濾和知識管理；三是以個人為中心的傳播出版[1]。在三個方面中，都同時凸顯了「個人」這個詞的意義。那麼這就決定了博客與企業、社會與政府擁有的媒體最大的區別在於其個人性。但是同時作為開放性的媒體，從屬於個人的博客卻又是一種「公共話語空間」。「公共話語空間」本質上就是一個對話性的概念，它是以在一個共用的空間中聚集在一起、作為平等的參與者面對面地交談的相互對話的個體觀念為基礎的。公共話語空間作為其本質就是為人們提供自由、公共的話語交流的互動平臺。互聯網無疑從技術的層面部分地削弱了話語霸權（行政霸權、學院霸權與媒體霸權），為自由與民間敘事開闢了道路。從這個角度看，博客的傳播作用與溝通意義實際上是和其他網站不相上下的，甚至某些名人博客、特殊內容的博客遠遠勝於一般性網站的影響力。

　　但是博客在另一種形式上則又是一種新興的傳播形式。傳播學認為，傳播方式不外乎人際交流和大眾傳播兩種，人際交流則是點對點傳播，而大眾傳播則是點對多點的傳播。部分學者據此主張：因為博客群則是多點對多點的傳播，所以博客群既是人際交流也是大眾傳播。但是筆者認為，博客自身卻鮮有以「群」來出現的，畢竟博客最本質的特徵就是個人性因素，世界上絕對沒有完全相同的兩個博客，也不會有誰會喜歡所有的博客。所以從這個角度上來看，博客的傳播背景自然是大眾傳播[2]。

---

[1]　姚文祥，〈中國博客與博客中國〉，《電子與電腦》，2002 年第 10 期。

[2]　丁未，〈從博客傳播看中國話語權的再分配──以新浪博客排行榜為個

　　但是這是否就意味著博客是純粹的大眾傳播呢？如果僅僅是依據傳播方式的分類而武斷地將博客歸屬到非此即彼或是既此也彼的範疇當中，是不夠完全理性的。因為大眾傳播在傳播方向上看，是一種反饋很慢的、單向的迂迴傳播，即從點到多點。但是博客的傳播則並非如此，任何一個閱讀博客的人都可以與博客的主人進行反饋、溝通與對話。雖然網路的出現改變了大眾傳播的單向性，但是博客將這種改變予以了更為深刻的強化，強烈的「個人性」存在於傳播的主體與客體之間，確實有著一種交流、互動的因素。博客主人其實在傳播的過程中扮演著三重的角色：首先，博客的主人是與來訪者平等的，來訪者可以以留言的形式與博主交換意見，即使博主不能保證每條意見都予以回覆甚至充分閱讀，但他仍然可以確保他能獲得這些資訊。所以，無論是來訪者還是博主其實都是網路這個體系中的參與者（Participator）；其次，在大眾傳播的這個框架中，博主實際上是一種文化、一種媒介的代言者（Spokesman），雖然博客的文章具備個人性，但是他的內容卻基本上是與博客運營商相符合的。譬如說，在「博客中國」開設的個人博客，明顯要側重於思想性、文化性，而「新浪博客」則以名人瑣事、娛樂八卦為多數；第三，博主在寫作博客的時候，他必定會有一種潛在的意識存在，即寫下的任何東西都是「公開」的。在這個前提下，大眾傳播實際上就變成了博主與博客來訪者的一種交流對話。那麼，博主在這裡還有一種身份是所謂的對話者（Interlocutor）。

　　通過如上的分析，我們再把問題回歸到前文的討論，博客這樣一種傳播形式究竟屬於大眾傳播，還是屬於人際交流？如果只是籠

統地說兩者皆有，則明顯是存在著弔詭。但是我們可以看到，博客是建立在互聯網資訊傳遞這樣一個大眾傳播的平臺之上的，但是博客在某種程度上和網路聊天、電子郵件一樣，存在著點對點的人際交流形式。那麼我們完全可以這樣定義：從傳播學的角度看，博客屬於大眾傳播背景之下的、一種特殊的人際交流形式。

二、博客文本的「身份認同」

蓋肯巴赫·艾勒曼（Gackenbach Ellerman）認為，直至商業利益居於主導地位之時，互聯網才被普通大眾視作「大眾傳媒」。這個觀點所反映的是互聯網作為一種商業化的本質。毋庸置疑，互聯網的產生正是後現代思潮勃興、消費主義盛行、多元化觀點並存、人類在開放中走向全球化的時代。在這樣一個時代中，沒有哪一種語言是「通適」的。但是人類卻尋求於建構一種符合人類整體理性觀念的話語體系。因為後現代顛覆了曾經的理性主義，任何存在的一切都被認為是「非理性」的。所以構建這種體系的出發點並不是為了對某些概念、原理、範疇進行定義或解釋，而是為了資訊、符號的傳遞。這就是互聯網作為一種溝通工具產生的初衷。

博客作為互聯網體系的重要組成元素，也是一種溝通的工具。而近年來，博客的崛起在本質上所暴露出來的問題就是「公共性」話語權力的旁落，即所有來源於一般性大眾傳播的話語都普遍陷入了不信任的危機。當然，有些學者認同這種危機的根源乃是商業化所導致；也有學者將此歸咎於意識形態分歧。筆者曾認為這類問題的根源是源於不健全的文化市場在一開始對「媒介與生俱來的獨立

性與公共性的消解」，進而營造出一種「偽大眾話語」。從傳播學的角度來看，這也是博客之所以能在短期時間裡迅速勃興的重要原因。[3]

　　儘管互聯網是一個多媒體的世界，但是互聯網上絕大多數資訊都是以文字的形式存在的。這種將「話語」轉換為「文本」進行溝通的形式成為了互聯網語境下最為重要的特徵。那麼即使我們討論博客這種溝通形式，仍然要從「文本」這個角度來闡釋。因為在博客中，文本無疑是最大的被觀照對象。

　　「文本」就成為了考量博客諸問題的一個必然的出發點。博主對於博客的管理，也都是以文本的形式進行自我的表達與敘事。那麼博客的文本與一般意義上主流傳媒的文本最大的區別又在何處呢？相對於大多數人而言，主流媒介相比電子傳媒是更具有認同感與話語權力的。在傳播體系中，往往意識形態的集中會導致話語權力的歸屬。在這裡，電子傳媒扮演了一種流動的角色：一方面，它將好的作品、作者推向了主流媒介；一方面，它又不斷地創造新的作者。前者由其的缺點──缺乏穩定性、長久性與穩固的意識形態所決定；而後者則由其優點──閱讀成本低，傳播效率高所決定。

　　顯而易見的是，無論博客的文本迎合多少受眾、獲得多少點擊率，其意義與價值都是無法與主流（或傳統）媒體相抗衡的。雖然博客自身的勃興根源於主流媒體話語的不信任危機，但是博客自身也並未能在「信任」的這個層面上來獲得更多受眾的首肯，甚至大

3　哈貝馬斯從交往理論入手，闡釋了公共性的意義在於一種「理性的自由」，而這一點在互聯網傳播中尤其突出。作為一種基於共同信任的公共空間，互聯網提供了「言說」與「交往」的雙層自由。

量的受眾仍然堅信博客文章的可信度遠遠不如主流媒體。於是，博客在傳播的過程中就陷入了一種尷尬的境界，一方面，大量的受眾喜歡、樂意去閱讀博客的文本，一方面，大量的受眾對於這種文本的真實性並沒有產生太大的信任──尤其當博客文本與主流媒體的文本在真實性上產生衝突的時候，人們更加信賴的是主流媒體而非博客。當然，某些時候博客也可能推翻主流媒體的一些誤判與荒謬之處。但是在博客實名制之前，博客文本在根本沒有任何可能構成法律效應。

「身份認同危機」是後現代時代所面臨的一個最大問題。那麼博客文本的「身份」問題又該如何解答呢？首先，博客是建立在個人性之上的，受眾通過博客所意圖瞭解到的東西，並不是博主個人之外的東西。如果博主本身既無知名度，也沒有特殊經歷，其文筆也乏善可陳的話，那他的博客勢必也沒有多少點擊率可言。這種沒有形成大眾傳播的特殊情況自然也只能歸於小眾傳播之中。所以博客文本如果想成為大眾傳播背景之下的人際交流，那麼勢必至少就要具備如上三個條件中的任何一個。

綜上所述，博客之所以能夠成為我們所理解的博客，這是需要有前提條件的，並不是任何一個博客都可以被前文的定義所涵蓋。而在博主的潛意識裡，也認為博客本身是一種較低層次的語境範疇。點擊率高的博客，或許會將博客自身與博主聯合起來作為一個整體推向傳統媒介，以期獲得更大、更為穩固的傳播效應；而在傳統媒體上獲得高曝光率的名人，一旦開設了博客，那麼自然也會讓其博客擁有非常高的點擊率（關注程度）。畢竟無論是博客還是一般傳統媒體所進行的大眾傳播，其傳播形式都是散播（disseminate）

而非分眾傳播（mass decentralized transmission），受眾群體在這兩種不同傳播的形式中都沒有發生質的改變。所以這兩者在更深層次的邏輯上則是互為因果的。這也從另外一個側面證明，博客作為一種特殊的傳播載體在傳播資訊中所起到的一種不一樣的作用。

三、再論博客出版的成因

詹明信這樣定義後現代，「在媒介、電視、速食與郊區生活上面，都呈現出了消費主義的特質。商品消費同時就是其自身的意識形態」。消費時代中，任何事關傳播、媒介與文化的東西都被打上了「消費」的印記。尤其在商業出版的條件下，消費主義更是在這個過程中凸顯了非重要的作用。

當消費文化、後現代與全球化以迅雷不及掩耳的形式波及到大眾傳播的各個角落之時，大眾傳播雖然贏得了利益，但是卻在「公信度」這個層面上遇到了缺失。而「唯書」作為中國文化中的一個核心習慣，無論是民眾還是官方，對於圖書出版的社會價值、學術意義都遠遠超越了在報章雜誌上發表作品。至於在網路上發表言論，則更被看作是等而下之的一種書寫姿態。但因為大眾傳媒整體公信度滑坡的同時，作為大眾傳媒重要組成的圖書出版也遭受到了前所未有的信任危機。

其實早在二〇〇四年，圖書出版界的危機都已經逐漸地彰顯出來，並且顯示出了與其他大眾媒體信任危機的一種趨同。出版社、書商在遭遇信任危機而不得不重新利用「改變出版形式」這種方法來拉攏受眾的同時，出版界的公信度認同問題也在不斷地加深、加重。

　　「博客出版」作為一種全新的出版形式，其本質就是出版社為了刺激原本較為疲軟的圖書市場而做出的一種舉措。其出發點就是看重了名人博客的上千萬次點擊率，而圖書的出版發行一般都是數萬冊，最多也幾十萬冊，某些達到數百萬冊銷量的圖書都會被寫進文學史、出版史。出版社的考慮正是基於此。

　　歸根結底，網路為公共話語建構了一種表達的平臺，而博客則又將網路上的意見領袖的指標予以量化。從公共話語的空間來看，點擊率極高的博客則意味著獲得更多受眾的關注。出版社對於「名人博主」的認同，實際上是對其博客點擊率的認可。在假定這些博客的點擊率都不存在問題的情況下，我們就可以認定為這種點對多點的傳播形式是成功的，即博主在大眾傳播的語境下很好地進行了系列的人際交流，並形成了一種「光量效應」。在這種光量效應下，博主就順利地完成了大眾話語代言人角色的轉換。但是這是否就意味著「博客出版」是在傳播學邏輯上是合法的呢？這一切除了用事實來檢驗之外，更需要在事後用學理性的論證來予以充分地反思。

四、博客出版的文化傳播學反思

　　二〇〇五年初，阿邁巴出版社（Ameba Books）在日本成立，這是世界上博客出版的濫觴。及至二〇〇六年四月，英國路路（Lulu）出版社開始發起成立「布洛克」（Blog）圖書獎，以資獎勵全球的「博客圖書」。在這股風潮下，中國的出版界並不甘落後。同年，演員徐靜蕾的《老徐的博客》、企業家潘石屹的《潘石屹的博客》與作家鄭淵潔的《勃客鄭淵潔》等作品作為國內首批「博客書」，相繼出版發行。

　　早在博客出版在國內處於萌芽階段之時，筆者就曾撰文指出，博客出版的利益鏈實際上是「出版商、博客主人與發行商」三者的利益聯合，而這種「純商業化的出版形式」的策劃初衷則是「勾起人類本能偷窺隱私好奇心」。符號學家麥茨也認為，一部叫座的電影首先應該同時具備三種元素的存在，即對「人類偷窺欲、自戀欲與戀物癖」的滿足，其中「偷窺欲」占主要部分。這種對於電影機器的結構實際上也符合文學結構的解讀——這就是為什麼名人傳記、回憶錄時常登上暢銷書排行榜的原因。而名人博客在大眾認同上恰恰滿足了這種受眾的原始欲望，出版商也正是基於這一點從而對「博客書」進行策劃、出版。

　　但是「博客書」並未如出版社所想的那樣，獲得預期的關注。僅就《老徐的博客》一書而言，在上海地區五天只賣出去了五冊，而同為「博客書」的《勃客鄭淵潔》與《潘石屹的博客》其首印也僅僅兩萬冊而已。為何出版社苦心策劃看似完美的「博客出版」，卻會出現這樣的認同危機？

　　其實，通過文化傳播學的分析就能很好地得出結論。首先，「博客」實際上是「製作→傳播→受眾」這樣的線性鏈狀傳播。博主作為資訊的製作者，而其傳播渠道（媒介）則是網路傳播，受眾則是關心名人軼事的線民。整個傳播的形式是散播而不是分眾傳播，受眾通過閱讀文本而完成一次資訊的傳播。而「博客書」的資訊製作者也是博主，傳播渠道（媒介）則變為了圖書的出版發行，整個傳播的形式也和博客的傳播形式一樣，受眾以書的「讀者」而存在，完成資訊傳播的方式仍然也是閱讀文本。如果單純地分析「受眾」這個成分，就能明顯地看到樂於購買圖書、閱讀圖書的讀者，基本

上就是在網上對於這些名人有所關注，並流覽過這些博客的人。「博客書」的讀者實際上幾乎與博客的受眾是相一致的[4]。

那麼我們再將傳播渠道（媒介）進行解讀的話就會更容易得出結論。為什麼「博客書」會遇冷的原因並不只是前文所述的「重複傳播」──從一方面看，相同的內容只是更換了傳播的媒介，紙質圖書與網路相比，不但在資訊上存在著滯後性，消解了博客自身的時效性、新鮮性。在網路博客上閱讀過這些名人軼事的受眾，是顯然不會再購買紙質圖書的，因為這類資訊本身就只需要獲得一次就足夠了；另一方面，紙質圖書具備相對高昂的購買費用，與廉價的網路閱讀相比，紙質圖書在「博客」這種傳播形式下，是根本無法占到上風的。

評論家王小峰如是評論「博客出版」：「網路跟現實是有差距的。起鬨是一回事，偷窺是一回事，掏錢買書又是一回事。」而急於求成的策劃者們，強行地將這些不同的「一回事」拉郎配到了一起，看似大有前途的博客與出版「聯姻」實際上成為了一場失敗的鬧劇，如何在這場鬧劇中獲得反思，則是需要更加深入地思考的。

五、後現代知識狀況與媒介的失語

網路文化的本質脫離不了後現代性的束縛。博客圖書的出現是與博客自身的反叛、不走常規，對於莊重與嚴肅的顛覆息息相關的。從這點看，表現出來是一種更深層次的後現代性意識。

---

[4] 彭蘭，〈傳播者、受眾、渠道：博客傳播的深層機制〉，《上海師範大學學報》（哲學社會科學版），2007 年第 6 期。

利奧塔認為，後現代知識狀況最明顯的症候就是知識的資訊化、跨國傳播化與商品化。而在這種症候下，所暴露出來的問題就是對於元敘事的顛覆，亦稱對元敘事進行「去合法性」。即對既成的權力、制度、統治方式乃至生活機會辯護的形而上學話語形式的質疑與否定。這種話語形式實際上是一種抽象的、虛構的語言形態，而非具象的、實在的話語形式。而後現代思想家們則認為，這種敘事是現代主義的產物，後現代則必須要杜絕這種話語形式的存在。

互聯網語言恰恰印證了後現代的知識狀況並促使媒介的評判方式走向了多元。波斯特（Mark Poster）在《第二媒介時代》中曾論斷，在後現代的語境中，一種集「製作者／銷售者／消費者」於一體的系統正在形成，這無疑是對傳播關係──即大眾傳播與人際交流的一種全新結構，其中「製作者、銷售者、消費者（生產→傳播→受眾）」三個概念間的分野不再涇渭分明，「雙向（去中心化）的交流」將這種概念間的界限取代，變成了一種新的邏輯關係[5]。

在新的邏輯關係下，傳統的傳播形式自然受到了前所未有的衝擊。大眾媒介在這樣的環境下開始進入了更為深層次的自省，即對於自身「大眾性」與「公共性」代言性質的反思。商業出版開始反叛過去的宏大敘事，將目光下延到了更為底層的情色的、個人的敘事當中。出版質量的滑坡，大眾話語權利與公共話語中心的坍塌，在本質上所表現的則是商業化出版的後現代徵兆。在後現代的時代裡，大眾媒介開始推卸甚至消解自己應該承擔的大眾話語的責任。

---

[5]　馬克‧波斯特，《第二媒介時代》，南京大學出版社，2000 年。

圖書出版變得不再神聖，出版自由走向了一種對於「文化」與「語言」的消解。

當語言中的元敘事被顛覆、消解之後，整個傳播的話語體系自然就進入了一種「無序」的狀態。大量的知識以資訊商品的形式被放置到國際市場中進行等價交換。在交換的過程中，價值標準的判斷也受到了顛覆，電子媒介逐漸以一種知識代言人的身份進入到傳統的文本書寫當中。在源自於內部的侵蝕下，媒介幾乎失語，其言說既不能敘述「自我」，也無法為「他者」代言。處於夾縫中的大眾傳播，自然而然就被迫進入了表達的困境。

如果說之前的大眾傳播是一種元敘事的「豪言壯語」時代，那麼走進後現代的大眾傳播在不斷消解元敘事之後，自然形成了以自我為核心的「輕言細語」；當知識資訊化、商業化與全球化與知識本體相聯合，之前知識的合法性受到了前所未有的質疑，多元化的評判標準與多極化的書寫姿態迅速進入到了知識製造的框架體系裡面，大眾傳播也走向了一種新的時代──即王一川先生所稱的「奇言雜語」時代，在這個時代中，精英語言、元敘事受到了消解，取而代之的是一種「大眾為主」的傳播，傳播的資訊是純粹以大眾為接受對象，並且在傳播的過程中接受對象有主導傳播方式、方向的權力。

真正進入了後現代時代則是後殖民主義、文化（媒介）帝國主義與全球化氾濫的時代，當互聯網作為重要的傳播方式進入到傳播體系當中時，互動性與商業化促使了受眾成為了真正的傳播主導，「去中心化」的呼聲導致傳播主體被反覆解構、甚至喪失。之前的發散型傳播幾乎徹底被反饋型的傳播所取代。顯然，媒介在嘈雜

的大眾話語面前會因為無所適從，而不得不走向「不言不語」的失語。

　　而「博客書」正是這種失語的產物。將網路媒體上曾經火紅過的東西再「移植」到傳統的出版媒體上，這並不能意味著那些受眾也可以被一起「嫁接」過來。在受眾決定一切的後現代時代中，受眾的多少往往只是一個表象，而並非是真正意義上傳播體系中的接受群體。大眾媒介對於受眾們應擔負的責任卻在不斷地削減，當出版徹底被大眾所決定時，其結果並非理想般的美好。無論是社會效應還是經濟效應，曾經曇花一現的博客書並沒有起到改善疲軟圖書市場的作用。相反，正是它的出現才印證了圖書市場的疲軟與大眾媒體的失語。

原文為第二屆全國新聞傳播學博士論壇論文
全文發表於《出版廣角》，二〇〇八年第八期

文化批評、媒介傳播
與讀圖時代的審美症候

一

　　自上個世紀九十年代以來，逐漸興起的文化批評變成了繼「政治／社會」批評、審美批評之後的第三次文藝批評轉型。與其說這是中國社會自身改革開放的結果還不如說這是中國文論在全球化、世界性的大格局下所發生的自我調適。畢竟置身在當前的全球化語境中，中國文論亦與西方文論的關聯度也越來越深。在這樣的一種大前提下，中國文論也開始出現了自我的調適與偏轉，即文學理論與文化研究出現了共生共榮的關係[1]。對於文學的批評不再只從文本而是從文本的文化語境出發，把作家與文本當作一種文化現象進行評價判斷。這種評判方式是定向性的，是針對之前審美批評的一種顛覆，即從審美走向藝術本體嬗變為從審美走向日常生活。

---

[1] 「中國文論」是筆者新近提出的一個觀念，所謂中國文論，並非是指中國的傳統文學理論，而是指當代中國進入到世界化格局當中之後產生的一種新的文學思潮，這種與後現代、媒介批評等當代語彙處於共生狀態的「中國文論」，實際上所表示的是「失語」之後的「群言雜語」。

在「日常生活審美化」的潮流下，一套文化批評的術語、理論體系隨之被迅速架構。但是這套體系的本質仍是之前文學理論的話語體系，即從文本出發，對文本自身價值與作用的評價、審讀與分析，但當下語境下這套分析方式明顯是不合適的。我們所關注的對象，並不是簡單、獨立的文本，而是文本周圍的文化語境與文本之上的文化現象。在沒有完全建立起文化批評理論體系的中國文論界，在文化批評上難免出現「撲空」的局面，即文化批評並不能完全地解讀文化現象。因此，這一切導致了文化評論家陷入了相對尷尬的境地：一方面，文化批評身份的合法性、合理性遭受到了質疑，一方面，文化評論與文化現象之間的關係也變得相對微妙。文化批評既不能解讀文化，也不能解讀文學，那麼文化批評的出路究竟又在何方？

因此，文化批評的反思與再批評變成了文論界在新世紀頭幾年最為熱門的話題。詹明信認為，批評的任務，「就是根據特定藝術作品重新獲得與它相適應的那種終極真實」。即批評的手段在於將批評對象進行重新結構，從而在終極意義上對其真實性進行問題式探討。但是就目前國內的文化批評而言，批評並未能解決問題甚至提出問題，而是在製造問題。問題意識在文化批評中遇到了缺席，這是之前社會／政治批評與審美批評都未有過的現象。與此同時，批評自身應具備的批判精神開始出現了下滑，其能指並不能指向問題出現的根源與核心，而是迴避主題，並進行一種擊鼓傳花式的評判與討論。在不斷出現各種批評的假設、前提之後，結論又自然地回到了問題自身之上。

當下的文化研究之所以被學術界所置喙，更大的程度在於喪失了文化研究所應該具備的價值立場。文化評論家開始向大眾媒介妥協，成為滲透到市民社會與大眾文化之中的調和劑。文化批評的對象也開始關注到明星美女、豪宅名車、體育賽事以及一些娛樂新聞之上，這些膚淺且不具備深層次人文關懷的研究對象旋即成為了文化研究最為關注也最為熱門的話題。文化批評與大眾文化、市民社會開始互相滲透。部分理智的學者對此表示了自己的質疑──這並不完全等於前些年的「文學批評死了」──因為文學批評喪失價值立場的前提是因為文學喪失了其固有的價值取向，而文化批評甫一開始所建立的基礎就是在大眾媒介與大眾文化的基礎之上，誰也不能置喙本身就多元化的大眾媒介與大眾文化的立場缺位。正因為此，文化批評才可以在盡可能的空間下舒展其批評的權利與形式。

值得注意的是，當下在國內興盛的文化批評與起源於英國的文化研究（culture studies）並不一樣。文化研究關注的是政治文化中對抗性亞文化的反抗潛能，尤其是青年文化。雖然英國的文化研究最大的特點就是建立一種新的價值閱讀方式，替代以往的品質閱讀消除精英文化經典（high culture）與通俗文化（popular culture）的尖銳對立，因而將流行文化也納入了研究考察的視野。但是我們應該注意到，文化研究學派對於流行文化的研究與解讀，其研究取向在於審美、心理和文化行為的整體性和社會性。正如雷蒙·威廉斯所界定的那樣，「文化也是整個生活方式」。但是國內的文化批評並不是這樣的一套路子。很明顯，國內的文化批評所針對的雖然也是流行文化，但是我們的研究取向與英國的文化研究卻是不一致的。英國提出文化研究是與英國戰後經濟復甦並迅速工業化從而進入

後現代社會這個大的背景分不開了，而我們的文化批評則是一種批評理論的對接，並不能做到理論根源於社會現實與客觀實踐。

其次，國內的文化批評與法蘭克福學派也沒有直接的師承關係。儘管國內部分學者認為我們的文化研究在很大程度上是受到法蘭克福學派的影響。法蘭克福學派最明顯的特徵就是以「異化」理論對文化工業的束縛性、同質化、霸權性與虛幻性進行批判，並深入地剖析大眾文化尤其是大眾媒介的「單向度」（one-dimensionality）問題。從本質上看，法蘭克福學派對於文化這個研究對象主張的是一個「祛魅」的過程，目的是還原文化的真實。但是國內的文化批評卻讓原本膚淺、表象的大眾文化蒙上了一層更為讓人看不透的薄紗。其目的並不是為瞭解讀文化現象，而是為了將原本屬於大眾的文化表象複雜化，從而進入學術的討論範式之內，讓這種文化現象在學術語境內獲得合法化的地位。這種解讀從本質上看就是一種對於現象的曲解與誤判。

綜上所述，國內的文化批評是一種獨立的、特殊的批評形式，這種批評形式並不是從哪種研究範式演變而來，也不是哪種文化理論的實踐產物，而是一種在社會、經濟體制轉型期特有的一種病態批評現象。所以，這種現象產生並不只是以單純的文化、社會環境為前提的，而是存在著縱深層次的文化本體特別是媒介傳播的因素。

二

安東尼‧吉登斯主張，文化批評是文化體系的一個重要組成，文化需要媒介作為傳播載體，然後才能獲得接受與審美，進而才能

獲得必要的文化批評，所以說文化批評所針對的對象是承載文化的媒介。在這樣的一個前提下，對於媒介傳播的研究自然就變成了文化批評縱深的研究範疇，即文化批評在本質上變成了對於媒介的研究與批評。

當然，導致文化批評趨向媒介批評的更多原因並不只是文化傳播走向了泛媒介傳播，更多因素在於文化傳播自身開始出現了各種各樣的變化徵兆。從全世界的格局來看，上個世紀的文化傳播無疑是人類傳播史上的一次奇蹟。從印刷術到廣播、電視再到通訊網絡的迅速過渡讓文化自身所具備的資訊容量不斷遞增。大量書籍、報刊的出版發行，有聲資料與影像資料的蔓延發展，以及後來互聯網時代的資訊爆炸，這都表明文化在媒介的作用下走向了一種資訊化的演變。即文化傳播以資訊傳播的形式，通過媒介來完成其傳播過程。

廣播、電視與互聯網的興起導致了媒介時代知識的資訊化趨勢。文化總體都是以資訊的形式所存在的。在大眾媒介的作用下，代表文化立場發言的資訊亦具備資訊的基本傳播條件，即發送與接受。無論是文學（藝術）文本還是新聞消息，在泛資訊化尤其網路時代中，都會先被處理為一種可供國際化交換的一種商品化資訊。在文學藝術與新聞文本走向大眾化的泛資訊化時，這一切將比本雅明所稱的「機械複製時代的文學藝術」更為迅捷、人工化，也更喪失了其「靈光」（aura）本性。

在全球化的語境下，任何一種媒介都是全球性的媒介。當商品化的資訊通過媒介進行跨文化傳播時，意識形態與審美隨之也通過這些資訊參與到了跨文化的傳播當中。於是意識形態與審美在不同

程度上受到了跨文化的「移植」。在媒介的全球化作用下，這種意識形態與審美的「移植」說到底就是一種文化帝國主義的意志滲透。首先是充斥著各種符號的審美客體通過媒介的形式借助資本流動與大眾傳播在全球範圍內擴張，比如：星巴克咖啡、卡迪爾手錶、賓利跑車、麥當勞速食、R&B 風格的音樂、好萊塢電影、美劇、香奈兒香水以及各種生活奢侈品開始不斷在全世界各地登陸，並迅速佔領消費意識形態的金字塔頂端。各種報紙、雜誌也都充斥著此類物品的廣告。這些商品不斷以符號、資訊的形式滲透到不同文化與不同語境之中，它們所帶來的除了圖像為表徵的媒介符號之外，還帶來了意識形態與審美的系統特質，意識形態與審美一旦移植嫁接到「他者」的文化語境當中後，就很容易與這種文化語境相互異化。並衍射出相應的文化碰撞與文明衝突。

若從當下的受眾結構來看，與上個世紀戰後歐洲、美國類似，正處於社會轉型期與商品化經濟社會轉軌的中國社會滋生出了新興的有閒階級與有錢階級，但他們並沒有相對較高的文化修養與審美能力。他們憑藉著資本與受眾數量，成為了當下中國媒介的主流消費者與接受者。一方面他們服從於媒介的符號，一方面媒介又受到資訊商品化的引導。在這樣的連鎖反應下，事關媒介的文化批評，自然也會走向商品化的一面。正如沃爾特·惠特曼所言：「要有偉大的詩歌，就必須有偉大的讀者。」當讀者素質普遍參差不齊的時候，作品自然也無法成就其偉大。

無疑，當下中國的文化批評實際上是媒介傳播的現狀息息相關的。什麼樣的媒介傳播，所呈現出文化批評的狀況也是不一樣的。如果從更深層次來分析，媒介自身所存在的問題則是導致文化批評

走向泛大眾化並喪失價值立場的重要原因。但正如前文所敘，媒介
自身所存在的問題在更深的層面上體現的則是一種審美的症候，即
在媒介話語體系中對於「美」自身的缺位與迷失。歸根結底，這種
審美症候在於當下「圖像」對於文字的擠壓從而造成對於受眾審美
能力的不斷戕害，在此接受語境下，我們關注的重點就應該是「讀
圖時代」自身的表徵危機了。

三

　　學者趙毅衡認為，當今文化發展所存在的全球化憂慮就是「往
下笨」（Dumping down）問題。即任何事關文化的活動都在排斥智
慧思辨，崇仰通俗易懂，其目的就是帶給受眾以不需要咀嚼的快
樂，無關反思的認知，在提供文化產品時都往「迎合大眾需要」的
方向上靠攏[2]。先前很多享受不到文化生活的人群，現在都變成了
「收視率」、「上座率」、「點擊率」的主人。媒介文化尤其是影視文
化、網路文化日趨凸顯了商業化、圖像化與簡單化的負面特質。生
產文化的硬體「向上升」，而文化的軟體卻不斷地「往下笨」。文化
商品品位緣何會出現下降甚至缺失？歸根結底來看，實際上是讀圖
時代知識狀況與閱讀危機導致知識資訊走向「圖像化」從而削減受
眾思辨能力的一種審美症候。

　　所謂讀圖時代，其理論源自於德國美學家漢斯・白廷（Hans
Belting）的視圖理論，他將「圖像」作為藝術的一種代表性參照，

---

[2]　趙毅衡，〈兩種經典更新與符號雙軸位移〉，《文藝研究》，2007 年第 12 期。

將其推進到藝術作品中的信仰內涵進行研究，並以此為主線來構建全套藝術史體系。他認為圖像是人們如何看世界、如何看人生的一種方式，表現著人類與時代的價值觀。圖像自然也存在於社會的信仰、儀式、語言、價值甚至社會組織的關係之中。

故而「讀圖」實際上是與「讀文」相對應的一種說法。按照白廷的觀點，無論是「圖」還是「文」，其所能提供的本質實際上就是一種可供讀解的符號。從美學的角度來說，文字和圖像本來是各司其責的，文字以抽象、聯想的方式來敘事，圖像以直觀、具體的形式進行圖解，兩者都是用來敘事圖解的闡釋性符號。而媒介所能提供的，只不過是不同性質的符號搭建成的一種資訊符號體系。媒介的泛大眾化所導致的就是圖像敘事這樣一種符號組建形式既可以使人們更樂意直觀地、具體地感知文化的形態，又能夠在這樣的文化形態中獲得他們所需要的資訊。在這種「圖像中心主義」的語境下，帶有圖像的媒介——電影、電視、畫報與互聯網很快將純文字（文本）的報紙、廣播擠壓到了媒介的邊緣。布迪厄認為，所謂電視與報紙之間的戰爭，說穿了也就是圖像與文學之間的緊張關係，這種關係尤其明顯地體現在文學記者對電視的崇拜和對文學的失望。因為電視的影響力遠遠超過了報紙。電視的魅力、強力和吸引力，說到底就是圖像的力量。

但是值得關注的是，任何一種傳播媒介都不是純粹由圖像組成的。文字在這裡會成為圖像敘事的一種補充與說明。在這樣的前提下，文字會受到擠壓、變形，最後不得不向圖像妥協。文化的傳播隨之變成了圖像的傳播，大眾媒介自然而然也變成了大眾化的圖像，媒介合法化的能指系統受到了顛覆。羅蘭·巴特如是定義文本

與圖像之間的關係,「文本充實著圖像,因而承載著一種文化、道德和想像的重負。過去是從文本到圖像的涵義遞減,今天存在的卻是從文本到圖像的涵義遞增。」

正像前文所述,資訊商品化的前提之一就是資訊圖像化。當資訊變成圖像時,可供聯想、挖掘的張力就隨之自然變少。媒介走向市場、產業化的結果就是導致直接進入德波所稱的「景象社會」,也就是國內學術界所言的「日常生活審美化」。以電子媒介為主要動力和根本技術支撐所造成的影像大氾濫、符號大氾濫,成為當今社會(或曰消費社會)進行「消費」的一個基本條件和重要誘因。一如詹明信所指出的那樣,「形象就是商品,這就是為什麼期待從形象中找到否定商品生產邏輯是徒勞的原因……」

圖像商品化自然會導致圖像拜物教的產生與興盛,即圖像直接或間接地進入到商品交換當中來,成為商品交換的主導因素之一。大眾媒介和文化傳播若是也以圖像為中心,那麼大眾媒介和文化傳播難免也會走向商品交換的中心,變成了純粹商品化的話語空間與文化傳播,走向了公共性、公正性與獨立性的反面。哈貝馬斯認為,無論是大眾媒介,還是文化傳播,說到底仍然是一種「公共領域」的話語空間,「公共領域」的本質就是一個對話性的概念,它是以在一個共用的空間中聚集在一起、作為平等的參與者面對面地交談的相互對話的個體觀念為基礎的。公共話語空間作為其本質就是為人們提供自由、公共的話語交流的互動平臺。而純粹的利益驅使、資本流動與受眾自決將導致這種互動的平臺受到戕害從而喪失其應有的基本屬性,進而消解掉文化(媒介)傳播的終極價值與根本

意義。最後，大眾媒介與文化傳播不得不在資本流動的帶動下，由泛大眾化進一步向泛商業化靠攏[3]。

顯然，在這樣一種前提與語境下，「讀圖時代」語境下以符號為本質的「影像傳播」導致大眾媒介與文化傳播已經變成了一種「單向度傳播」。曲高和寡的文字文本、雅文化與精英文化的審美意識開始逐漸下延並日趨消弭，最後不得不與泛大眾化甚至泛商業化所「粘合」，以至於互相妥協、融合，形成。從文化批評上溯到媒介傳播，再進入更深層次審美症候的探討，這是一條「單向」的反思。但是我們更應該看到，在後現代的語境下，這一切的問題都根源於一個根本的命題：在讀圖時代的審美症候下，我們如何去考量現存的知識譜系？換言之，在當下的知識狀況中，我們又能如何厘清大眾傳播與文化研究的種種複雜關係，從而準確地獲得真知？

四

在後現代的語境下，電影、廣播、電視、互聯網、畫報甚至各種廣告實際上與報紙、文字雜誌、書籍存在著一種共生的關係。雖然「圖」和「文」分屬兩種不同的知識譜系，但是兩者在解釋當下的知識存在這個出發點上，卻存在著一種相互的妥協與互補。在這種妥協與互補的前提下。筆者卻發現，無論是「圖」還是「文」，都存在著後現代知識狀況上最大的一個特點，即無論是哪一種敘述

---

[3] 筆者認為，泛大眾化與泛商業化最大的問題就是對於精英文化的消解，並且誘導著公共性走向媚俗的重商主義甚至會走向官方意識形態，而圖像商品化則會成為顛覆「公共性」的合謀。

形式，既不能解釋自己，也不是敘述他者，其意義只能是為了對於另一種敘述形式在符號解讀上的一種補充。

首先，打破「日常生活審美化」便成了重構當下知識結構的重要口號與方法前提。正如前文所述，日常生活審美化導致的文化批評「撲空」已經成為學術界置喙當下知識狀況的一個最為典型的例證。文化批評作為一種獨特的符號系統，它仍然存在著後現代知識狀況的最大特點，即既不能解讀對象，也不能反思自己。文化批評成為了懸浮於文化現象之上的另一種抽象的文化現象。

文化批評之所以「撲空」，其本質的原因就是在於研究話語譜系上的自身桎梏。文化批評最具代表性、最高位的形式就是都市文化的批評。在這種批評形式中存在這兩大話語譜系：一個是以經濟學、社會學為核心的人文學科研究，主要集中在經濟社會發展方面，對都市文化結構及其人文精神層面很少觸及；二是以大眾文化、審美文化、文化批評為主流的人文學科研究，由於缺乏必要的切入都市社會現實的理論與方法，也不可能完成解釋都市現實乃至批判都市存在的任務。高層次、理論建構較為完善的都市文化批評尚且如此，一般性質文化批評的水平與層次可想而知，但是這種問題卻普遍地存在於任何一種層次的文化批評之中。

其次，作為人類知識狀態精華呈現的經典，在後現代時代被一種全新的經典化所取代，即所謂的「大眾群選經典」。究其深層次因素來說，這仍然是一種在商業化語境下文化製作、傳播的結果。趙毅衡認為，在電子媒體興起之後，原先的觀眾進入了「文學場」，經典化的方式發生了前所未有的轉變。現在所謂的經典不再是歷史萃選出來的文化精華，而是在讀圖時代依據大眾的點擊率、票房來

確定的一種商業化文本。最後這種文本陷入了一種所謂的在橫組合軸上連接、連接再連接的單軸運動，即消解了歷史與藝術內在質量的考慮，單一性地進行批評式的經典重估。這是後現代語境下尤其是讀圖時代在經典認同問題上最大的審美症候——即我們平時拷問的何謂經典？經典的意義又在何處？

最後，從對於知識資訊符號內部結構這個角度的徹底顛覆來看，我們需要對文化的生成機制、生產傳播方式進行重新的審視。尤其是電視、互聯網以及手機這些新媒體的應用，對於既成文化存在形式的影響與限制。當下世界的知識狀況也呈現了越來越明顯的圖像化趨向——當然，這與數碼技術的普及、製圖工藝的進步是分不開的，在技藝提高的前提下，人們對於知識的接受也開始趨向一種高效、直觀與速食性的訴求，在受眾決定一切的語境內，知識資訊市場成為了一種特殊的買方市場，作為資訊商品製造的知識生產也開始千方百計地迎合整個市場的需求。

正因為這樣的知識狀況，導致了知識資訊化之後迅速出現了資訊圖像化的狀態，「圖像」成為了可以圖解、言說一切的手段。媒介也從為公共話語代言的身份角色變成了資訊傳遞的工具，其中所充斥的不是表意的文字，而是直觀的圖像與影像。知識出現了兩種偏向型的位移，一種是改變傳播方式的位移，即商業化的大眾媒介成為了知識傳播的主要方式，商業化出版、媒介產業促使了知識製作走向了生產密集型的產業化生產，即所謂的知識資訊化，資訊商品化。另一種則是改變傳播形式的位移，即知識的傳播再也不是文字的單線傳播，而變成了圖像、音像等多重形式的多線傳播，知識開始變成了一種可供解構、質疑甚至多重闡釋的文本，開始從曾經

的學術界、專業內的小框架徹底走向民間、大眾這個更大的接受視野，即知識資訊化，資訊圖像化。

綜上所述，兩種位移都凸顯了後現代語境下的知識狀態，即資訊化、商品化與圖像化，而後兩者必須是以前者的存在為前提的。知識傳播形式與傳播方式的改變，也影響到了受眾對於知識這種資訊的改變——譬如說文化批評。知識作為大眾傳播中重要的一種內容，也開始呈現出了病態化、泛大眾化與審美異常化的趨向。若從更高的層面來看，也就是「讀圖時代」所暴露出來的審美症候。

原文曾獲得中央美術學院二〇〇八年年度「青年批評家獎」

大眾話語空間的建立
與都市媒介文化的崛起

——以民國早期電臺「民營熱」為中心
的學術考察

　　中國早期廣播電臺的民營，既是大眾媒介走向「現代性」的嘗試，也是中國都市文化融入「世界性」的縮影。在傳媒產業化、資本化的今天，對於中國早期電臺民營化研究與反思，有著非常重要的價值與意義。

　　儘管重要，但這方面的研究並不多見，尤其針對中國早期廣播電臺的「民營化」這個問題，國內討論的人較少。廣播電視史專家郭鎮之教授的碩士畢業論文《論舊上海民營廣播電臺的歷史命運》，這篇論文填補了舊中國商業廣播史研究的空白，之後改寫為英文（A Chronicle of Private Radio in Shanghai《上海私營廣播編年史》），發表在美國廣播電視教育學會會刊《廣播與電子媒介學刊》（Journal of Broadcasting & Electronic Media, Fall, 1986）上，至此，「民國中國商業廣播」研究成為了中國廣播史與廣播產業管理研究的一個重要領域。

但是學術界對於這方面的研究一直成果較少，比較有影響的論文包括葛濤的《電波中的唱片之聲：論民國時期上海廣播唱片的社會境遇》（《史林》，二〇〇五年五月）、唐山文史辦集體編寫的《華北淪陷區日偽廣播史研究》（《中國廣播》，二〇〇五年十二月）、郭薇亞，《舊中國廣播電臺的變遷》，（《採寫編》，二〇〇一年一月）與朱鶯的《民國時期廣播事業發展狀況研究》（《求索》，二〇〇四年三月）這幾篇，而相關專著則為零。

一、電臺「民營熱」的背景

廣播史學界公認，國內第一家無線廣播電臺是一九二三年一月二十三日在上海開播的「大陸報」——中國無線電公司廣播電臺。在此之後，中國的「民營電臺在各地湧現」，及至一九三七年六月統計，國民黨官營電臺二十三座，「在數量上不及民營電臺的半數」。[1] 這個現象所凸顯的問題明顯是非常迥異的：究竟是何種原因，導致中國的民營電臺在當時的中國能夠獲得如此迅猛的發展？

首先，電臺「民營化」的勃興依賴於中國社會首次「都市化」與「現代化」的浪潮。在上個世紀初，西方的教育制度、生活方式陸續以租界與大眾媒體的形式進入到中國，並在早期啟蒙知識份子群體中獲得了非常大的迎合力。「當下新生活之時務，應以披閱西洋書、西洋片與洋餐為流行之事焉」[2] 尤其在上海、廣州與武漢等地，一方面得益於開埠較早，得現代風氣之先，早在民營電臺浪潮

---

[1] 朱鶯，〈民國時期廣播事業發展狀況研究〉，《求索》，2004 年 3 月。

[2] 啟明，〈吾之新生活觀〉，《生活》雜誌，1922 年第 4 期。

之前，教會電臺、租界出版物就已經深入人心，兼之地方經濟高度發達，有錢有閒與受教育人群比例較大，對於西方新聞民主渴求也較強；一方面得益於當時知識份子尤其是留學生的數量為當時歷史之最，西方文明與西方的出版規制影響到了當時的民眾，遂形成了我國早期的市民階層，在市民對於都市資訊的渴求中，民營電臺應運而生。

其次，民營電臺的勃興還有其自身的歷史原因。二十世紀二十年代正值北伐戰爭如火如荼，馬克思主義學說流行社會，兼之「五四」新文化啟蒙思想深入人心。一方面知識份子階層勃興、市民階層興起，一方面由於戰爭宣傳需要，知識份子救國圖存的愛國情結也導致了當時民營電臺的興盛。據統計，截至一九二六年國內有八家電臺曾在不同的時段中曾播出了「戰況」、「前線戰報」與一些驅逐軍閥的愛國廣播劇、抒情詩。從這個層面看，紛亂的時局與民族主義的興起亦是民營電臺迅速出現並發展壯大的重要歷史原因。

再次，由於戰爭與統治需要，早期國民政府在對於新聞輿論方面採取的政策是較為開明的，這也為民營電臺的發展奠定了必備的政策基礎。早期國民政府成立官辦電臺，也是為了進行驅逐軍閥的宣傳，且由於連年戰爭，財力人力不足，國民政府也急需利用愛國民意與民間資本，為自己的戰爭起到宣傳鼓動的作用。國民政府於是便對外宣稱，只要「無非主義之宣傳，政令之傳佈，以及新聞報導，學識灌輸，兼以音樂戲劇等娛樂點綴其間」的電臺，都可以面市經營。一時間，民營電臺如雨後春筍一般在上海、廣州與武漢等地迅速發展起來，適逢淞滬戰爭爆發，這些電臺又起到了為國民政府幫腔助陣的作用，國民政府對於其又是肯定地褒獎：「一方面揭

露敵寇陰謀，一方面安定民心，這對於鼓舞士氣，喚醒民眾，盡力甚多」。[3]在這樣的政策條件下，民營電臺的發展無疑是得天獨厚的。

最後，文化商品化也是民營電臺出版的重要原因之一。在民營電臺的發源地上海，實際上也是中國早期大眾傳媒的濫觴。由於租界文化的普及與市民階層的興起，在上個世紀二十年代，大量的現代性大眾媒體在上海出現並發展壯大，並雲集在閘北公興路、四馬路與霞飛路一帶。其中包括名噪一時的《申報》、商務印書館西書部、青春出版社、龍門書局、大華雜誌公司、內山書店、明星電影公司、聯藝電影公司等等，相當著名。而一九二六年一月二十三日在新新百貨公司開辦的「玻璃電臺」則又是中國早期民營電臺的重要代表。[4]

當然，早期民營電臺發展迅速的原因還有科學技術的進步、電影播放設備的發明等等，如上所述則是從文化生產與媒介規制這一點出發談到的中國早期民營電臺出現並迅速勃興的重要原因。但是這些原因也導致了民營電臺的衰落與消亡，從這些優勢背後，我們又應該如何去客觀地分析電臺「民營熱」所帶來的問題與症候？這才是筆者重點考量的問題。

二、反思民營電臺衰落的原因

民營電臺的崛起速度是令人驚訝的，但是在崛起後不久，民營電臺也落得個草草收場的下場。盛極而衰雖是歷史的必然，但是從

---

[3]　《中華年鑑・廣播》，中華年鑑社，1948 年
[4]　李歐梵，《上海摩登》，北京大學出版社，2001 年

媒介經營的角度來看，中國早期民營電臺的衰落，既有外界的原因，也有其自身的內在桎梏。

首先，從當時的局勢來看，民營電臺不可能很好的發展下去。在二十世紀三十年代初，中國捲入了第二次世界大戰並成為損失最為慘重的同盟國之一。一時間，國內的出版社、報社與電臺均受到了法西斯不同程度的損失與毀壞。相比之下，傳播效能最好的電臺與出版社成為了受害最為嚴重的兩大傳媒產業。其中，上海大東書局、世界書局屢次遭到飛機轟炸，人員死傷慘重；一九三八年十月武漢淪陷後，日軍進入武漢的第二天就搶奪了當地的廣播電臺，將數名頑強不肯投敵的電臺職員殘忍殺害，並於黎黃陂路四十一號成立了偽電臺監管機構「放送局」。在這樣嚴酷的局面下，民營電臺是沒有辦法很好發展並生存下去的。

其次，作為電臺自身也存在著時代的局限性。上個世紀二十年代初，科技高速發展，彩色印刷機、電影放映機紛紛繼電臺之後出現，由於電臺自身缺乏必要的設備更新，短短幾年的時間竟然由先進的媒介變成了瀕臨淘汰的媒介。「有了那西洋電影，誰還聽那勞什子」、「這滿街的畫報，誰也比那只有聲音的玩意兒快活的多」[5]，市民階層作為最大的受眾自然會選擇更為新潮、便捷的傳媒方式，在這樣的環境下，電影公司、畫報公司以最快的速度發展著。在市場化的導向下，消費者決定生產，生產決定資本的流向，這樣的現狀無疑會導致民營資本的投資方向發生質的偏轉。僅僅在一九四一年一年，「孤島」上海十多家民營電臺轉型做電影製片，從這個角

---

[5]　韋月侶，《戀人的歸來》，上海青春出版社，1929 年。

度看，太過於商業化的民營廣播被短暫的市場利益所戕害，也能構成其衰落的重要原因之一。

再次，民營電臺缺乏優秀的製作者也是其走向衰落的原因之一。當時一流的作家、編導本身對於新媒體的鄙夷，導致了其鮮有為民營電臺服務的，又因為民營電臺決定了其自身是以盈利為主，這就決定了民營電臺純粹成為了觀眾的奴隸。在國民黨發動「四‧一二」反革命政變，實施新聞禁令之後，民營電臺為了生存，不得不向低俗、庸俗的節目妥協。最後內容幾乎「完全迎合低級趣味的內容」、甚至發展到以「香豔緋聞，男女床幃之事令有識之人聞之幾乎欲吐」[6]的內容為主。最後連忙於內戰的國民政府都看不下去了，交通部不得不在一九三〇年頒佈了《裝設廣播無線電收音機登記辦法》，結果這個出於整頓目的條令並不能讓當時的風氣為之一轉。之後國民政府的要員張靜江、張群、邵力子、孫傳芳、吳稚暉等多次上書行政院長蔣介石，要求將播放「危害治安，有傷風化，幾乎混淆視聽」惡俗節目的廣播電臺予以強撤。[7]迫於輿論壓力的國民政府，不得不於一九三二年再次頒發了《民營廣播無線電臺暫時取締規則》，至此，國內的民營電臺一直處於有減無增的趨勢。

最後，政府的政策也是民營電臺走向衰落的重要因素。東北易幟以後，國內軍閥逐漸平定，民營電臺也喪失了其自身的利用價值，於是便轉向了惡俗節目的製作。國民政府在多次整改、取締之後並未發現有明顯的成效，索性採取了不聞不問的制度。但是時隔不久，中國共產黨在陝北建立了革命根據地。國民政府為了封鎖延

6　《中華年鑑‧廣播》，中華年鑑社，1948 年。
7　史彼克，《二十世紀中國現代性問題趨勢》，臺灣大村出版事務公司，1999 年。

安的電臺播音，就不得不在全國實行電臺的整頓。1936 年，「國民黨中央委員會執行委員會請轉函行政院通令飭各地公私電臺轉播中央電臺節目文」得到通過，隨後，交通部又相繼頒發了《指導全國廣播電臺之播送辦法》、《民營廣播電臺違規之處分簡則》等條款，旨在對於民營電臺中的「紅色電臺」進行打壓。[8]在這樣的局勢下，曾經被國民政府政權所利用的民營電臺是否能繼續維持經營下去，就變成了一個相當嚴酷的問題了。

綜上所述，國民政府對於民營電臺採取「先扶後壓」的政策雖然有違新聞獨立原則，但是就民營電臺自身的問題來說，其自身也存在「先天條件優異、後天諸事不和」這種較大的問題。比如說對於觀眾、對於商業化以及國家政策規制等關係，都是需要去慎重考慮的。即使在當下，這類問題也具備著較大的借鑑意義，筆者在後面將用兩段的內容，來分析當時中國電臺「民營熱」對於當下媒介經營的反思與啟示。

三、反思「民營熱」對於當下傳媒產業的意義

上個世紀電臺「民營熱」迄今已經有八十餘年的歷史，之後國內民營電臺再也沒有出現過像二十年代末那樣的勃興熱潮。時過境遷，但是我們仍然能夠在當年民營電臺的興衰流變之間尋找到一種隱喻性的啟示。尤其在當下傳媒產業走向商業化運營，民營資本逐漸進入傳媒市場的時候，我們應該如何去把握作為主體的傳播

8　李煜，〈抗戰期間國民黨政府的有關廣播宣傳管理的政策法規〉，《中國廣播電視學刊》，2005 年 11 月。

媒介與文化政策規制、受眾、同行競爭以及自身革新這些客體的關係？

　　首先，民營資本的媒體機構如何應該面對政府文化政策規制？現階段中國的傳媒行業利稅總額已超過煙草業，成為國家第四支柱產業。近年來在民營力量以及 WTO 的衝擊下，傳媒業市場化的進程也開始加速，傳媒產業發展環境逐步優化，平面媒體政策相對寬鬆、廣電媒體市場准入大門漸啟、市場拓新先機開始顯現、科技含量不斷提高，傳媒業正呈現出強勁的產業化發展趨勢，傳媒產業雛形已經形成，並且傳媒業的快速發展帶動或促進了相關行業的發展。從傳媒資本的角度看，中國傳媒的市場化改革的進程在明顯加快，而且國家的有關政策也開始鬆動，對於民營資本的態度也發生了變化，即由原來的嚴格控制到現在的限制性進入[9]。於是，如何應對不斷變化、調整的文化政策，成為了中國媒體中民營資本或民營媒體所必然遇到的問題。這個問題不但困擾著當年的民營電臺，即使當下民營的傳媒機構也面臨這樣的問題。如何面對國家政策，從而使自身獲得必要的調整，這是民營媒體在當下體制下獲得生存的必然前提條件。《經理》雜誌社社長於紹文也認為，「現在很多的新媒體是以民營的方式來經營的。主要是指一些網站、電子雜誌、手機雜誌等。當然正是這樣，所以新媒體的發展才有強大的生命力」。

　　其次，如何面對受眾的資訊需求？作為民營媒介的主要平臺──互聯網在近幾年確實出現了一味求點擊率、訪問量而不得不靠

---

[9]　《2007-2008 年中國傳媒產業分析及投資諮詢報告》，中國投資諮詢網，2008年1月。

噱頭而向受眾妥協的趨勢。「很黃很暴力」成為了形容互聯網的關鍵字。實際上，民營資本參與、主持的電視媒體、報刊與圖書出版，早在幾年前就形成了內容庸俗、題材跟風等惡俗傾向，長此以往，很難說不重蹈當年「民營電臺」的覆轍。「民營資本逐利的本性，使一些民間電視製作公司節目一味迎合觀眾，為引起觀眾注意，竭盡『獻媚』之能事，不惜以節目粗糙、庸俗為代價。」[10]作為大眾媒介，其重要意義是維護大眾話語空間的維度，起到為大眾代言的積極性，而不是一味遷就大眾胃口，迎合社會低俗庸俗的趨勢。所以說，在面對受眾資訊需求時，民營媒體斷然不能只從短暫的經濟利益出發，而要從長遠的利益考慮，既要兼顧社會效應，也要考慮經濟利益，要提高觀眾的審美品味，真正地滿足觀眾們的資訊需求與話語空間，這樣才能可持續地長久發展。

再次，傳媒產業尤其是民營媒體如何面對媒體競爭？這是一個媒介非常關注的問題。在當下的環境下，且不說不同傳播形式的媒介，僅僅就同類媒介來說，競爭之激烈，遠遠超過了當年的上海灘。如何在競爭中找準自己的位置？在新媒體的時代，我們絕對不能像民國的民營電臺那樣抱殘守缺，結果被新興的媒介所超越。在這個瞬息萬變的時代裡，我們應該利用新媒體的形式，在不同的媒介間展開跨媒介合作，打破曾經的新聞資源壟斷，實現全球化資訊共用。電視、廣播與互聯網聯姻，報紙、雜誌與互聯網、手機聯姻早已不是什麼新的舉措。這個方向也是今後媒介在應對同行競爭時應該採取的態度。

---

[10] 范皓，〈民營資本介入對媒體內容的影響〉，《青年記者》，2005 年第 4 期。

　　最後，就是媒介自身「革新、造血」的問題。在政策、受眾與同行競爭下，要想很好的發展，並不是一件容易的事情。作為資訊傳播的媒介，在不同的時代應該積極地去應對不同的形勢，而不應該受到某些既成觀念的束縛。相當多的媒體機構尤其是國有媒介實際上是以「輸血」的形式存在，幾年不出一次刊的刊物仍然存在，數年不更換節目框架的廣播電臺仍然也為數不少，很多出版社靠出版地方誌甚至買賣書號維持基本開支，在市場的競爭下，這類媒體被淘汰，也是符合市場競爭原則的。

　　所以筆者認為，在當下的環境下，民營資本的介入對媒體內容的影響無疑是巨大的.但是傳媒產業特別是民營媒介如何才能找到一個在商業上、社會責任上甚至藝術上平衡的效益結合點，從而獲得長遠的、可持續的發展，至少不重蹈民國時期民營電臺的覆轍？這則是一個相當嚴肅並迫在眉睫的問題。

四、我們應該去如何面對媒體「民營」？

　　公營、官辦與民營之爭，由來已久，並仍在以一種前進的姿態延續著。說到底，「民營熱」的本質實際上就是資本運作、融合過程種現代化的一個進程。縱觀西方傳播史，「民營官辦之爭」的這個問題並不存在，早在十八世紀，歐洲、美國所興辦的報刊媒體本身就分為黨派報紙與商業報紙兩種，前者鼓吹信仰，後者獲取利潤，但從資本的持有來看，是兩者皆為民營。但是在中國的特殊體制下，存在著民營與官辦之間的博弈。在這種博弈下，我們應該如何去面對現代化體制進程下的傳媒業「民營熱」問題？

　　首先，「民營」只是一種手段，隨著市場經濟體制的進一步轉軌，中國傳媒市場的發育成熟與進一步跨國化、全球化，我們應該理智地看到「民營」實際上是一種大趨勢。當然，作為手段的民營自身也包含著許多實現形式：公私合營、民間資本入股、民營文化公司、媒體機構民營官管等。在媒介走向產業化的格局下，民營的企業明顯是有優勢，有活力的。國內一些娛樂媒體、文化機構已經開始出現了「全盤民營」的狀態。在傳媒事業單位向產業化集團改制、發展過渡的當下，我們應該積極地去肯定「民營」的力量與作用。

　　其次，「民營」畢竟不是萬金油，我們也要理智地去面對民營問題。早日「電臺民營熱」所出現的問題我們目前仍然也有遇到，比如說內容低俗、自身更新速度太慢等等。作為社會公眾話語空間的媒介，在資本運作與經營管理上我們當然不能單純地依靠市場這隻看不見的手。單純、極端的民營化雖然可以取得短期的效應，但是對於文化市場而言，卻是長期以來的生態戕害。之於媒介市場的調節，我們也應該主動地去使用其他的調節、運作形式，畢竟市場是多樣化的一種存在，我們也應該考慮更多樣的形式去實施。

　　最後，綜上所述，我們應該如何去應對媒體「民營」——這個問題實際上已經成為了目前傳媒體制最敏感也最迫切的問題。相對於這種體制管理，歐盟實際上比我們已經先行一步。他們從純粹民營中「走出」的方式就是「民營」與「公營」共生的形式。民營作為一種刺激市場疲軟的手段予以承認，並准許其商業化屬性，而基金會、政府所興辦的公營傳媒機構則代表了公益化、非利益化的大眾話語空間。一方面，這種「共生機制」實際上既能保證民營的商

業屬性，也能保證社會輿論正當的調節作用。兩種不同資本的分開管理模式，實際上遠遠比「合資」的形式要高效許多，當然這也是我們從資本管理運作的角度去思考、研究的。

原文首發於《貴州師範大學學報》二〇〇八年第五期

先後被《南陽師範學院學報》、《黔南民族師範學院學報》、

《鄖陽師範高等專科學校學報》轉載摘錄

二〇〇九年一月，《人大複印資料‧新聞傳播卷》將此文全文轉載

傳統戲曲如何實現與互聯網傳播的聯姻？

> 一切存在的基本形式是空間和時間，
> 時間以外的存在和空間以外的存在，
> 同樣是非常荒誕的事情。
>
> ——恩格斯，《反杜林論》

　　著名學者麥克盧漢一九六四年在《理解媒介》一書中斷言，隨著媒介技術的日益提高及傳媒在全球的迅速傳播，「形成了全球的普遍的經驗和普遍的意識，加快了地球村的到來」。隨著科技的發展，由電腦技術、互聯網技術、虛擬實在技術等所構築的虛擬世界時代成為了我們所處這個時代的主流。在這個主流中，溝通的主要方式仍然是互聯網傳播。越來越多的人熱衷於在互聯網上獲得自己需要的資訊，但是隨著科技的進步，互聯網已經不只是獲取資訊的渠道，欣賞歌曲、觀賞影展甚至觀摩戲劇演出都可以在網上進行。從美學角度看，其中以既是時間藝術又是空間藝術的戲劇（戲曲）演出最為複雜。在這樣的潮流下，傳統戲曲如何才能實現與互聯網傳播的聯姻，從而將互聯網傳播真正地由「獲取資訊」層次進化到「審美」層次呢？

一、戲曲通過互聯網傳播已經成為了重要渠道

將傳統的戲曲演出做成視頻、音頻或照片的形式放到互聯網上，讓熱愛戲曲的觀眾下載，這種形式並不算是什麼新生事物。早在互聯網剛剛肇始的一九九六年，就有部分戲曲愛好者將戲曲的錄音整理為可供電腦播放的音效檔案，上傳在新浪網的前身「四通利方」網站的討論區上供網友下載。可以這樣說，「網路戲曲」實際上是和「網路文學」在同一個時間出現的。

上個世紀末，隨著互聯網技術尤其是寬頻、ADSL 等技術的迅速發展，視頻與音頻的傳播在互聯網上也以迅雷不及掩耳的形式壯大發展。在互聯網上可以觀看衛星電視、體育比賽、各類會議甚至直播文藝演出，自然傳統戲曲的演出也能夠通過互聯網這種形式進行傳播了。

文藝理論家歐陽友權認為，網路傳播實際上是一種資訊傳播的形式，這種形式是經歷了口頭傳播、文字書寫之後的第三次資訊傳播的大進步。而早在口頭傳播時期，就已誕生了文學、戲劇（口頭歌謠）等文藝形式。這些文藝形式在其後不斷發展的傳播階段中進行著不斷的革新，以便更加地與現實社會相符合，從而進行更好的傳播。賈磊磊則認為，「人類通過影像建立的是一種新的大眾文化傳播形式，是一種繼印刷文化之後將藝術、娛樂、商業和科技融為一體的新興媒體」，其「視聽表意形式符合現代大眾的觀賞習慣，能夠滿足他們不同的心理慾望。」

　　戲曲作為文藝的一種形式，通過互聯網傳播從而獲得大眾的欣賞、品評，其本身無可厚非。隨著互聯網技術的發展與普及，越來越多的戲曲愛好者更加熱衷於通過電腦在網路上去觀賞戲曲，若是從文藝傳播的角度來看，這與在網路上觀賞電影、電視劇甚至小說散文一樣，本無可厚非，但是「網路戲曲」較之其他的文藝傳播，卻顯然要擁有更多的爭議。

　　首先，「戲曲」與「網路」為何會出現弔詭之處？學術界認為，戲曲是傳統的、寫意的藝術表現，而網路則是現代性的、虛擬的溝通形式。從戲曲傳播的形式上看，戲曲的傳播是在場的、不可複製的接受形式，而網路傳播則是非在場的、可複製的傳播。即使是視頻檔，也是將觀眾與演員之間樹立起了真正的第四堵牆，若是單純的音頻檔，觀眾對於戲曲符號能接受的就只剩下單純的聲腔音樂，而這只是戲曲體系中幾個要素之一而已。

　　網路傳播是較為單一的傳播形式，對於戲曲這個相對複雜的藝術體系而言，它並不能做到像劇場那樣全方位、成體系的傳播形式，僅僅只能傳遞戲曲體系中的一些作為「資訊」的零散成分──但是無論是戲曲聲腔，還是舞臺美術，抑或是和觀眾們的互動氣氛，以至於舞臺演員們的一招一式，都必須組合到一起，這樣才能成為。而這種將戲曲體系「化整為零」的傳播是明顯違背藝術傳播原則的，自然就受到了藝術研究者們的詬病。

　　其次，「戲曲走向網路」究竟是戲曲作為藝術的涅槃，還是戲曲的毀滅？戲曲在經歷了廣播戲曲、電影戲曲與電視戲曲之後，逐漸地與現代傳播手段相結合，並且產生了新的、更符合時代精神的審美效應。之所以能夠產生新的審美效應，原因在於廣播、電影與

電視這些傳播方式都是敘事形式（Narrative style），即這些傳播方式自身可以敘事，可以結構情節，換言之，這些傳播方式都是以「語言」的形式存在的。到了後來，這些都先後被論證為一種藝術的形式。但是互聯網是否是藝術？這個概念目前還沒有人論證，因為互聯網傳遞資訊的形式是多元的，既包括文本，也包括圖像，既傳播聲音，也傳播視頻，而且還具備互動性。從這個層面上來說，戲曲在互聯網中的傳播，是絕對不同於其他傳播載體的，也是明顯被打上「互聯網」這個印記的。

　　戲曲走向互聯網是否會消解掉戲曲自身的藝術性？「傳遞資訊」如何才能達到「審美」的可能？資訊求真而非求美，這是公認的事實，但是互聯網作為一種傳播載體，它要將一種複雜的藝術形式傳遞給受眾，這只是一種傳播的形式。受眾如何利用這種形式盡可能的獲得資訊是一回事，而從中感受到美感，則又是另外一回事。但是我們不得不承認，互聯網已經成為了戲曲傳播的一個重要渠道，也成為了戲曲愛好者、研究者觀照戲曲的另一扇重要的視窗。

二、網路傳播的本質決定了其無法取代劇場，成為戲曲傳播的新載體

　　在互聯網技術的衝擊下，戲曲開始走向了網路化的發展。專門的戲曲網站、戲曲頻道就有數百種，觀眾可以在網上隨心所欲地點擊自己喜歡的戲曲唱腔選段、戲曲劇照進行觀摩欣賞。比起傳統的劇場欣賞而言，網路戲曲最大的特點就是隨意性強且使用成本低廉，無論何時何地，都能欣賞到名家表演，已經去世的梅蘭芳，仍

然可以在電腦裡高歌一曲《貴妃醉酒》，就國家大劇院的演出而言，觀眾通過互聯網可以省去數百元的門票費甚至還可以足不出戶，就能在最好的角度欣賞到一流的演出。正因為此，有些學者斷言，互聯網已經成為了戲曲傳播的重要舞臺，甚至當科技發展到了一定地步，傳統的舞臺、劇場都即將消失，虛擬的舞臺、錄音棚就能夠完全地服務於廣大觀眾，成為戲曲傳播的新載體。筆者認為，硬性地將「網路」與「戲曲」拉郎配到一起，是違背藝術傳播規律的，如果再認為虛擬的網路世界可以取代劇場，那更是荒謬之極，之所以筆者敢於這樣論斷，是出於如下三點的分析：

首先，戲曲存在著非常獨特的審美特徵，即舞臺性，而網路則是虛擬的空間。中國戲曲源遠流長，總體說來是一種寫意的藝術。這與西方的歌劇、舞劇與電影不同，中國戲曲的精妙之處，並不在於情節，也不在於語言，更不在於故事結構。西方文藝的審美標準，是與東方的審美標準完全不同的。中國的戲曲的精妙之處在於招式的表演。這種表演並非是死搬硬套的機械動作，而是戲曲演員通過長時間的體驗、磨練與積累，加上自身的藝術感悟，兼之劇場觀眾的互動配合，而在一場演出中所表演出來的、不可複製的一系列動作。這些動作在符號上並沒有真正意義的能指，而是一種寫意傳神的舞臺表演。而網路則是將三維空間二維化了，觀眾與舞臺之間被建立起了一堵真正意義上的牆。演員與觀眾始終不能出於同一時空。在這樣的觀演關係下，觀眾並不能很好地體會演員所傳遞的資訊，從而獲得審美的愉悅，演員也不能及時地獲得觀眾們的反響，從而融入到觀與演這樣一個整體當中來。

　　其次、戲曲既是時間藝術，也是空間藝術，但網路的時間與空間都被消解掉了。眾所周知，戲曲作為一種獨立的藝術體系，既是時間藝術，也是空間藝術。一部戲的演出，既需要固定的劇場作為場所，也需要連續的演出時間。但是互聯網是通過光纖數碼通信的，在這個過程中一切的時間、空間都是虛擬的。通過電子電腦技術，時間與空間幾乎到了「嫁接」地步，梅蘭芳可以與周杰倫同台演出，我們足不出戶卻能觀賞到一百年前譚鑫培精彩的表演。這樣的表演固然精彩，但是卻不是真正意義上的戲曲。戲曲是不可以複製的演出，同時間同空間的行為必然只有一次，而網路卻可以「機械複製」多次，而且網路可以任意截斷時間，一齣戲可以分成多次看完。這種看似方便的觀劇形式，實際上在本質上表現出來的是對戲劇性的戕害。

　　第三，戲曲是既求美又求情的虛擬表演，而網路是既抽象又具象的虛擬世界。戲曲的表演是虛擬性的，虛擬性的審美本質就是「求美」與「求情」，其審美方式是一種反觀式的，即審美主體必須要通過角色的形體表演，才能反過來感知審美對象的存在。西方戲劇之所以能很自然地演變成電影，乃是因為西方戲劇舞臺時空表現為「舞臺時空環境→觀眾」，沒有在場觀眾效應與舞臺，將劇中人物的表演單獨剝離出來，仍然沒有丟掉戲劇的本質。而中國戲曲舞臺卻是一句審美主體的反觀，即時空表現為「舞臺環境→劇中人物的表演→觀眾」。但是網路則是虛擬的世界，這個世界的本質就是看得見的具象但又摸不著的抽象。在這樣一個單純剩下「劇中人物表演」的虛擬世界中，中國的戲曲無法獲得反觀式的表演，自然無法傳遞其自身的審美效應。

三、面對互聯網傳播的普及與深入，中國戲曲該如何面對？

法國文論家羅蘭・巴特認為，當一種傳統的藝術形式遇到「現代性」這個問題時，其自身會出於自我保護而產生一種「異變」（Variation），這種異變並不會改變藝術自身本來的本質，而是一種在原來的基礎上進行的修飾與改良。中國的傳統戲曲在當下資訊化時代中，與互聯網這個新生事物不期而遇，並產生了「互聯網戲曲」（或曰網路戲曲）這樣一個「異變名詞」。筆者在這裡姑且不去從文藝理論的角度追究這個名詞「在場的合法性」，單從這樣一個現象來分析的話，當戲曲在遇到互聯網時我們又應該如何來應對呢？

首先，互聯網改變了傳統的觀劇觀念，我們應該引導「劇場為主，上網為輔」。

當互聯網佔領了大量戲劇愛好者的園地之後，我們應該理性的發現，這對於戲劇自身的發展是沒有好處的。姑且不說傳統的觀劇觀念受到了顛覆，僅從花費來看，明顯遠比進劇場的成本要低廉得多。這對於瀕臨經費危機的中國戲劇事業來說，無疑是雪上加霜的事實。再加上大家都熱衷於觀賞網路戲曲，在這樣的前提下還是名家名段更受歡迎。那麼這也不利於新人、新唱段的推廣，這對於戲曲的可持續發展顯然是不利的。所以說，當互聯網改變了傳統觀劇觀念的同時，我們一方面要合理引導觀眾，一方面也要積極地拓展網路之外的觀劇空間。

　　其次，要把互聯網作為宣傳戲曲、弘揚國粹的一個陣地，是「資訊場」，而不是「審美場」。我們應該鼓勵「外行上網，內行進場」。

　　熱衷於「網上觀劇」的觀眾，仍然是以年輕觀眾居多。這對於戲曲的傳播相對又是一個利好的消息。網路作為一種多媒體傳播工具，可以將戲曲製作成饒有興趣的 MTV、壁紙、動漫，並將精彩的戲曲唱詞作為文本進行傳播，這是可以而抓住年輕人的心。尤其針對外國友人，全球資訊資源分享的互聯網明顯是宣傳戲曲，弘揚國粹的一個陣地。我們將戲曲常識、精美圖片上傳到互聯網上，讓全世界更多熱愛戲曲的人，能夠更加深切地感知到戲曲這樣一種形式。但是，無論是年輕人還是外國友人，都相對是戲曲的「外行」。我們鼓勵他們通過網路熱愛戲曲，而對於某些專業的票友、研究人員，則不應滿足從網路這個「資訊場」獲得資訊，應該主動走進劇場，進行審美體認。

　　最後，我們應理性地「互聯網戲曲」作為研究範本，而並非現實的成果。

　　當我們關注一種新生事物時，很容易犯一種錯誤──盲目地去鼓勵、扶持一些現代性的雜合品（mingle）。網路戲曲就是其中的一個典型。面對戲曲在互聯網上的「熱」，我們應該理性地對待、分析，而不應盲目的叫好。現在戲曲和互聯網才是初步結合，並沒有形成渾然一體的審美形式。在這樣一個情況下，我們應該理性地去對其探索、完善進而做到真正意義上的服務於戲曲。須知「互聯網戲曲」的目的在於對於傳統戲曲的保護與弘揚，其重點核心在於「戲曲」而並非「互聯網」這樣一種載體。

　　互聯網對於戲曲的衝擊是巨大的，面對這樣的衝擊，我們首先應該去探求互聯網如何和戲曲兩者聯姻，更好地讓我們所用。筆者認為，互聯網和戲曲聯姻的最重要的問題在於：如何利用互聯網這樣一種形式，來保護、弘揚、挖掘戲曲這種博大精深的民族文化遺產，這是我們探求這個問題的世界觀。我們要積極地尋找兩者之間深層次的、內在的邏輯結構，進行有機的結合，而不是死搬硬套、盲目狂熱的合併對接。

全文首發於《戲劇文學》，二〇〇八年第十期

《戲劇叢刊》二〇〇八年冬卷予以轉載

代際歷史、文化認同與暢銷圖書

——文化類暢銷書的歷史文化分析

一、朦朧詩和反思歷史：演變規律的濫觴

　　美國傳媒學者約翰・內斯格在《傳媒、社會與公共性》一書中深刻指出，「無論是哪個時代，無論是什麼條件，圖書市場中的消費主力軍永遠是青少年。誰贏得了青少年，誰就佔領了先機。」

　　在上個世紀八十年代初期，中國社會步入了轉型期。在經歷了痛定思痛的傷痕文學之後，六十年代生人第一次開始對一種全新文學現象癡迷沉醉。於是，這個被稱為「朦朧詩」的文體就成就了中國新時期最早的一批詩人和讀者。然而那些青年們並不知道，這個備受推崇的名詞，卻是由來已久。

　　「朦朧詩」又稱新詩潮詩歌，它在建國前就已經出現，並且以極強的生命潛力在發展。建國後文學創作風氣封閉。一直持續到八十年代初，以顧城、海子為主的「朦朧詩」詩人才正式向國內文學界展開了如雷霆一般的衝擊。經歷了「文革」的青年人，現在正處於轉型期，對於信仰和人生出現了迷茫和焦灼情緒。而作為文學，

朦朧詩的出場，則恰好的將這個情緒予以了瓦解。這種情緒由於社會的緣故出現了一種情緒化的思潮，而瓦解這種情緒的朦朧詩自然而然的也成為了一種思潮。

在朦朧詩出現的時候，六十年代（包括一批五十年代末期）出生的青年成為了一批朦朧詩的闖將。他們很快的將自己對於現實迷茫、憂鬱的形式通過手抄本積極的宣洩、表現了出來。在市場經濟和傳媒水平化都不明顯的前提下，朦朧詩這種形式已經獲得了大眾的高度認可。顧城、海子、昌耀、北島這批在當時燦若明星的詩人，直至現在，都是六十年代生人心裡一個無法抹去的夢想。在那個時代，讀詩歌必須讀朦朧詩，而寫朦朧詩又成為了當時的一種潮流。表達絕望、憂鬱、哀傷、痛疼心情的文字也自然而然的成為了當時的圭臬典範。

任何的藝術表現樣式必須要從生活的本體出發，文學當然也不例外。當六十年代生人完成了他們的高等教育之後。進入改革開放的中國在經濟、文化等諸多方面也出現了欣欣向榮的局面，人民生活水平也出現了較大幅度的提高。正是因為社會生活出現了大的變革，青年人的信仰危機這才暫時獲得了緩解。

社會生活出現了這種現象，反映到文學上就是曾經輝煌的朦朧詩開始出現了裂痕。先是大量詩人創作枯竭，繼而金庸、古龍的武俠小說不失時機的在圖書市場上佔有了朦朧詩當年的市場份額。一九八五年，電視連續劇《射雕英雄傳》在全國熱播，這部電視劇將武俠文學的潮流終於帶向全國，這是中國人第一次將文本、傳媒與商業化的有機結合。這個結合，從本質上寓意著中國的武俠文學已經開始成為了當時青年閱讀的主流。

次年，內地歌手崔健的搖滾音樂專輯《一無所有》再次將已經進入社會六十年代生人的生存狀態和思想現狀予以了近乎衝擊波一般的揭露。這種揭露實際上已經暗示了在年輕人心中的一種潛流──對於生活、現狀出現的矛盾、焦灼和無奈心理。從另一個側面看，這又是武俠小說的潮流是不謀而合的。[1]

從文學的本質上看，武俠小說的本質是對於歷史的回溯。因為大量的武俠小說本身都是以歷史為大背景的。比如說《射雕英雄傳》的歷史背景就是北宋與南宋之間的靖康之變，而另一部武俠小說《鹿鼎記》則是一段發生在清代康熙年間的奇聞軼事。在這些武俠小說中，還會有一些被文本化的歷史人物為了情節的需要必須予以出場，而被敘述化的歷史則成為了事件發生的大舞臺。

歷史是不可敘述的文本，而文學則是可敘述的文本。在上個世紀八十年代中期，武俠小說在文學界形成的熱潮，並不能說明武俠小說本身的敘述立場符合當時的社會要求與讀者心態。而是因為在上個世紀八十年代中期開始，整個中國社會對於文化與方法形成了一種熱潮，這種熱潮在深度上對於民族文化、民族歷史、民族劣根性等進行更為徹底的反思。除了那些武俠小說之外，王安憶的《小鮑莊》、韓少功的《爸爸爸》、汪曾祺的《大淖紀事》、賈平凹的「商州系列」等「尋根文學」文本也在這熱潮中紛紛湧現，成為中國圖

---

[1]　就這首歌，崔健這樣說，「我覺得音樂的內容與形式應該是統一的，這就是表現社會問題。其實，我當時的《一無所有》就象化學反應，因為社會有接受這種反應的基礎，人們常年的生活壓抑、沒有發洩通道的情緒會通過這樣一首突然的歌得到釋放，產生了反應效果。」見於〈超越搖滾的「孤島」：崔健、毛丹青對話錄〉，載於《文藝理論研究》，1998 年第 1 期。

書市場除武俠之外的第二股潮流，這種潮流顯然沒有武俠小說那樣狂熱。但是從另一個表象暴露了中國文學事關朦朧詩歌的敘述危機——讀者已經開始關注歷史和文化，而對於自己心靈的傾訴、信仰危機的表達，變得不是那麼重要了。

我們還必須關注一點，無論是根植於自我歷史的尋根文學，還是以大歷史為背景的武俠小說，他們都在發展的時候遇到了事實的阻礙。因為在當時的文學狀況下，對於歷史的反思已經有了質的變化。如果說此前人們反思歷史是採取正面審視的話，至此則開始從側面進行省視與觀照，甚至代為書寫歷史，出現了「異端」思維傾向。歷史觀的越來越偏移就自然而然地導致個人主體性質愈來愈突出。這種思潮一旦反應到文學創作上，就是馬原、劉索拉等作家所倡導先鋒文學的出現。在先鋒文學這種反敘事性話語中，流露出的表徵危機體現了「誰」也不能代表「歷史」的尷尬邏輯。究其出現的本質，仍舊是根源於歷史反思，只不過是側面不同，出發點也不同而已。

無論是武俠小說，還是尋根文學，抑或是先鋒文學。它們都有著自己的共同點——特別是和朦朧詩相比較，它們開始出現了一種歷史性的反思。已經成為了社會主要構成的六十年代生人逐漸放棄了所謂的文學幻想以及關於精神、信仰方面的內容。文學在他們眼裡更多的成為了一種消遣文本或是反思文本。大家都習慣於在閱讀中獲得實際的收益。這種文學消費與文學接受，間接的加速了朦朧詩的消亡，刺激了帶有歷史反思性文本的誕生與發展。

就在大家都在反思歷史的一九八九年，朦朧詩歌領軍人物海子臥軌自殺。標誌著朦朧詩歌正式退出中國文壇。

二、「八十後」與新新歷史主義：我們將往何處去？

朦朧詩出現後的二十年，中國的社會發生著翻天覆地的變化。GDP 出現了舉世矚目的增長，對外開放的程度也日益加深。隨之，一代人也迅速地成長起來。

被稱為「八十後」的這一代人也就隨之而生。「八十後」這個名詞究竟是誰提出來的，現在已經無從查考。按照文學原理，這種定義是不標準的，也是沒有任何學理價值的。所謂的「八十後」，只能算是社會學上的一個定義，而絕非文學上的概念。但是就目前而言，這個定義已經被引入了文藝批評的領域，並被賦予了文學的內涵。如果非要在這裡給圖書市場中出現的「八十後」下一個定義的話，那就是出生於八十年代，以網路為主要創作媒介，以商業利益為主要目的，作品意境與內涵以城市為背景、青春為主題的青年作者群。

首先點燃「八十後」第一把火的是憑藉《三重門》紅遍全國的上海少年作家韓寒。其實在韓寒之前，一名叫郁秀的少年作家已經推出了一部在全國具有廣泛影響的長篇小說《花季雨季》，可是由於當時商業運作不到位，以及並沒有像韓寒這樣作為「新概念」作家群而進行大規模「全民造星運動」。所以直至最後，郁秀都沒有能在市場上形成大的聲勢與規模。

韓寒的出名，從社會環境來看，一方面得益於上海市作家協會《萌芽》雜誌所主辦的「新概念作文大賽」，韓寒作為第一屆的一等獎很快被全國的青少年所熟識，一方面韓寒的文字本身帶有社會

的批判性。文字的內容對於教育制度、代溝的批判和反思，從心理上滿足了青年讀者對於一個文本的基本需求。

繼韓寒之後，「新概念作文大賽」繼續推出了郭敬明、張悅然等「八十後」作家。他們的文字風格基本上都是以城市題材為主，在字裡行間洋溢了對於青春年華的感慨、對於城市森林的壓抑與愁悶，以及對於成長期間心理矛盾的反思。由於這種題材的作品符合「八十後」讀者的閱讀心態與接受年齡。所以這批作家很快就擁有了極大的市場份額。比如郭敬明的長篇小說《幻城》與《夢裡花落知多少》就曾雄踞了幾個書城的文藝類圖書銷量的第一名。

就從文學理論上來看，市場上所氾濫的「八十後」作家作品儘管再豐富，涉及面再廣，其共同的致命缺陷仍舊十分明顯，那就是文本本身缺乏自審意識。多數文本所反映的題材近乎一致，甚至出現了抄襲、剽竊的現象。在「八十後」作家的敘述文本裡面，文本語言的隱意內容（latent content）本身沒有任何的創新性與獨特性。這種集體喪失智慧但又集體走紅的現狀卻和當時的朦朧詩非常相似。

社會歷史批評鼻祖丹納說，文學是時代、社會和種族的產物。這批「八十後」實際上是作為六十年代生人的下一代而出場的。這一切皆源於目前國內程式化、體制化、模式化的教育，從而導致八十年代生人在青春期（teen ages）與其父輩在八十年代初所出現的心理狀況極為相似——焦灼、憂鬱、覥腆、但又睥睨天下。這種被稱為青春期綜合征的心理隱疾唯一可以宣洩的渠道就是對於文本的閱讀。從當時手抄本小說《少女之心》的流行到現在的「下半身寫作」的氾濫，從當時的朦朧詩的走紅到現在的「八十後」作品的

暢銷。種種潮流，都是相隔二十年的週期。這一切看似是新奇的歷史重演，實際上，這就是中國圖書市場文藝類圖書潮流的演變規律。

　　正如前面所說，催使「八十後」退出中國文壇的表面原因是大量的負面消息如潮水般湧來——首先是領軍作家郭敬明的抄襲事件，繼而又是某「八十後」作家捏造外國文學獎證書與知名作家書評，最後是子虛烏有的「『八十後』作家蔡小飛」跳樓事件。種種不利消息與負面影響，將「八十後」作家徹底拉下文學的聖壇。

　　但是從本質上看，這卻是市場經濟的結果。因為整個「八十後」登上中國文壇，本身就是市場供求關係的作用，而現在被拉下聖壇，仍舊是市場供求關係的緣故。一旦作為交換的商品（作品）不符合市場要求（具備閱讀價值與接受意義），或是在市場裡面已經沒有了期待價值（expectation price），那麼就只有退出市場的交換與流通，表現在文學上，就是泛文化現象的審美疲勞。[2]

---

[2] 2004 年 11 月 12 日《人民日報》載文〈文學地位的衰落是否不可逆轉？〉，文中指出，「文學創作一旦步入商業操作的軌道，它的實踐規律就成了選題策劃、寫作班底、拼合搬抄、市場推廣、回籠資金的商品生產模式，文學精神審美在原創性、個性差異上的蘊涵熔鑄，也就被所謂的『市場原則』沖擠在了一邊。」並且指出了文學目前出現的三大危機，「一是所謂『現代性』、『現代思想』傳播的結果，是對經典哲學尊重客觀、歷史和個人的顛覆。二是二是在解構與再結構的創作過程中，以世俗對崇高、以庸常對英雄，對正劇、悲劇與喜劇的粗鄙化、媚俗化的拆分與拼合，在龐雜零亂的表述中消減了思維的張力和藝術的想像力，三是三是雖以平實、凡俗為美固然不錯，但認為平凡世俗的社會生活就是人們精神追求的原初目的，認為偏狹的個人人倫際遇可以是生存之於社會的全部認識和理解，那麼文學創作就不僅是自身的『降格』，也是精神價值探求與追索的喪失，閱讀接受的理性啟迪和美的薰陶也會在想像力的匱乏中難以存在。」本段所引用之觀點，參考了該文的一些看法。

在「八十後」之後，出現了另一種寫作熱流。那就是奇幻小說的流行。這類小說正以迅雷不及掩耳之勢在中國圖書市場上掀起一陣狂瀾巨浪。從表面上看，今何在、江南、滄月等一系列奇幻小說作者將歷史中的事件進行了帶有自我意識的改編、重寫，加入了玄幻的內容，從而使文本更加具有可讀性。而從本質上看，奇幻小說與武俠小說在敘述與結構並沒有更多的區別，在這兩種文本裡，作為小說的最關鍵元素——時間與空間都被作者巧妙的利用「不在場」的邏輯而銷解掉了。而作為文本的本身，則是強調對於歷史的反思——用現代人的眼光去窺視歷史，去解釋歷史。

這種文本和曾經的新歷史主義並不相同，新歷史主義是堅守一種將文學與非文學一視同仁地研究立場，並將文學文本置於非文學文本地「框架」之中；綜合各種「邊緣」理論，試圖達到對文化、政治、歷史、詩學的重寫目的。而目前這種文本則在更多的情況下進行一種歷史的衍伸，諸如顏歌、西嶺雪、張佳瑋這些青年作者所創作的文本，已然脫離了簡單的奇幻範疇，而是從更深層次去挖掘歷史，反思歷史，將歷史本我化。對於包括奇幻在內的文本來說，這種創作本身就是一種「新新歷史主義」，它打破了新歷史主義關於「文化重寫」與「文化詩學」的絕對範疇，他們將文化這個概念延伸到人類對於社會的反思。在反思的過程中，他們又開始對西方的文學創作模式加以研究、模仿、借鑒。這種創作形式與起源，又恰恰和上個世紀八十年代末期出現的武俠、尋根文學、先鋒文學極為相似。

我們注意到了一點，那就是在二〇〇五年七月，曾經一度紅火的「八十後」作家郭敬明接手了奇幻武俠電影《無極》的小說改編

權。這個事件和當年的海子臥軌一樣，昭示著所謂青春文學的「八十後」創作，逐漸成為了文學批評界的一個歷史話語。在此之後，中國的「八十後」作家相繼加入中國作家協會以及省級作家協會，這一系列的事件表，曾經紅火的「青春八十後文學創作」，已經逐漸淡出文壇。

三、一代人的歷史觀：我們還是要回到歷史

隨著文藝理論界「文化研究」（Cultural Studies）的深入，文學的大眾文化、民間文化、亞文化等邊緣文化類型逐漸也成為了批評關注的主要對象。在上個世紀九十年代初，真正意義上的反思歷史出現了重大的轉機。支配文學作品的深層邏輯程式從而也已經逐漸被中國作家所掌握。

首先是伴隨著電視劇出現的《三國演義》熱、《東周列國》熱。在此之後，大量描寫歷史的小說也如雨後春筍一般的出現在圖書市場。諸如高陽的《左宗棠》、《李鴻章》、《胡雪巖》，唐浩明的《曾國藩》、《張之洞》，二月河的皇帝系列等。這些大量力圖真實反應歷史的文本在圖書市場上曾一度出現了前所未有的熱潮。而著名學者余秋雨於一九九一年完稿的大文化散文集《文化苦旅》更是「開啟了中國反思歷史的一扇大門」。

為什麼會出現這樣的局面？原因很簡單。那就是在當時的圖書市場上，主流讀者仍舊是六十年代生人。他們已經脫離的萌動的青春期，也不是血氣方剛的青年。對於閱讀，他們有一種極強的功利性與自主意識在裡面，他們並不會為一時的狂熱而去選擇所謂不切

實際的夢想，更不會在書本中尋求無法實現的自我安慰，他們需要能夠在文本中獲得為人處世的原則，獲取到對於歷史的真實反思。而不是在文本中找到純精神上的共鳴。

我們完全有理由預言一點，那就是在當下正紅的新新歷史主義題材小說熱褪過之後，即將熱門的圖書很可能是什麼？八十年代生人作為主流讀者群，他們也在逐漸成長，隨著他們的絕大部分已經開始接受了高等教育，或許有的甚至已經成為了社會的主流。他們對於文本的要求，再也不會是簡單的青春，簡單的奇幻，而是對於歷史的一種回歸。

因為歷史還是那段歷史，這是否意味著要重演十年前中國圖書市場上出現的那種局面？這種猜測顯然是不可能的。正如司各特所言，每一代人有每一代人的歷史觀。而這種歷史觀反映到了文本當中，其區別則在於透過文本縫隙或邊緣而發現制約意義的形而上思維虛幻性的不同。解構主義批評認為，文學並不是意義自足的有機整體而是充滿差異的零散結構，文本也不再由作家主宰而是已經變成「孤兒」。文本的意義已經在於它自身的活躍性與內涵價值了。歷史作為文本的內涵存在，那麼即使歷史相同，但作者的歷史觀不同，歷史還是可以作為一種新的內涵獨立於文本而存在。那麼，在「新新歷史主義」之後出現的歷史文本，很可能是「八十後」眼中的歷史，而在他們眼裡，一切不可敘述的東西都變得可以敘述，包括歷史。而這種敘述，又恰恰將文本的「形式」與歷史的「本體」巧妙的剝離開來。

那麼之後可能會出現什麼樣的文本呢？這是一個值得深思的話題。作為談論比較文學與文學批評，我們可以假設、預言出即將

出現的文學現象與文學題材。但是我們並不能就某一種甚至於某一個文本的出現而作出自己的判斷。但是我們完全可以做大膽的猜測，在之後的兩三年時間裡，究竟會有哪些類型的文本作為熱門圖書潮流的形式而存在？

四、文化認同：歷史文本的突破與本質

　　人本主義與科學主義作為目前文論界最重要的兩大思潮，無論是在西方還是在東方，都有著極大的影響力。而把人本主義作為歷史文本的一種內涵進行加入，則是之後新時期可能出現的文本特徵之一。

　　在上個世紀出現的歷史文本當中，唯一缺乏的就是對於主體文化的認同。傳統的作家認為，歷史永遠是歷史，是文本的核心內涵。他們忘記了自己敘述的立場──歷史的文本並不是為歷史服務，而是服務於當下社會，滿足於當下的需求。在眾多歷史文本裡面，很難找到相同的出發點與歸宿。這並不能歸咎於當時作者的文化心態，而是源於當時中國文化的認同性並沒有目前這樣普及。

　　如果我們把歷史回溯到上個世紀九十年代末，國內學術界已經出現了關於中華民族主體文化的認同的一系列徵兆。這種徵兆反映到圖書出版市場就是余秋雨先生的《千年一嘆》等代表著作的問世。可惜由於當時對於這種主體文化的認同的普及性與整個社會環境不匹配，所以我們猜測，這種現象大概可能一直要延遲到十年後才能恰逢時機地出場。

之所以這樣預言，是因為在當下這個時代，對於歷史的文本敘述，已經出現了站在整個世界甚至人類學的角度來思考比較的端倪。這種大歷史觀的出現與影響，是源於從上個世紀末到當下大量海外漢學著作的問世、引進。包括陳寅恪、余英時、黃仁宇、錢穆等一大批帶有全人類眼光的中國史學家的遲到出場。他們的出場，實際上有力地顛覆了八十年代生人的傳統歷史觀與對於歷史文本的傳統認識。在大歷史觀建立之前，上個世紀出現傳統的歷史文本中，文化心態與創作初衷實際上是處於一種模糊、待定的狀態。這種狀態實際上是和古代話本小說、章回小說的創作初衷區別不大的。

美國新歷史主義理論家路易‧芒特羅斯曾說：「我們的分析和我們的理解，必然是以我們自己特定的歷史、社會和學術現狀為出發點的；我們所重構的歷史，都是我們這些作為歷史的人的批評家所作的文本建構。」余英時先生也認為，在當下世界的文化大環境下，最堅強、最需要、最主要、最時興的精神力量並不在於對於某種共同階級意識、政治理想的認同，而是對於民族文化的認同。這種認同，具體反映到中國文化上，就是如何將中國歷史、中國文化轉化到現實社會的需要。這一點恰恰和圖書市場即將出現的文本的內涵是一致的。什麼是最需要的？什麼又是最符合規律的？那麼，這就是必定要出場的。

所以說，我們完全可以預言一點，那就是如果有歷史文本潮流的出現，那麼這種歷史文本的歷史觀必然是大歷史觀。對於中國文化的觀點，更多的是一種主體文化的認同，而不是傳統的就事論事，就史論史，更不是將傳統話本的創作思想奉為主要思想。而是

更傾向於一種符合現實社會與當下文化需求的表述。此類表述，顯然與「主體文化身份認同」和「主體地位與處境」這種後殖民語境密切相關。

綜上所述，中國圖書市場已經經過了二十年的發展。真正的市場化也不到十年的時間。在這二十年裡，成長了一大批讀者與作者，由於社會環境的原因，這些讀者與作者已經形成了一種特殊的規律。二十年成長一代人，這或許是一種週期輪回，但是我們有理由相信一點，那就是，無論在什麼條件下，主流讀者隨著年齡與閱歷的增長，閱讀心態也在發生著本質的變化，這種變化一旦出現，就必須要求圖書市場要出現相應的文本與之適應，這既是文學接受的不變規律，也是市場經濟的必然要求。

原文載於《路徑、建構與超越》
呂學武、范周主編，中國傳媒大學出版社，二○○九年二月

關於文化

導　論

　　文化批評是近年來較為熱門的一種批評形式，這種批評形式最大的特點就是能指宏觀，具備其他批評不具備的多闡釋性與多解讀性。「當代文化」作為一種共時性的批評對象，本身就具備較強的可解構性。

　　〈重建巴別塔〉以西方文化史的高度來論述當代中國文論史書寫的問題與悖論。

　　〈視覺與影像〉與〈辯中求變：兼論學術譜系史範疇下當代西方文論研究〉則是以陳永國教授的兩部新著為考察中心，進行文化理論的前沿批評。

　　〈國家意識、人文情懷與文化觀〉展開了對傅雷的反思與審理，分析了知識份子在不同文化場域內的變化。

　　〈文明衝突與和諧溝通〉則是從「北京奧運會」入手，敘述了東西方文明衝突的解決策略。

重建巴別塔

──從哈蘭德的《西方文論簡史》談中國文論史書寫諸問題

對於中國大陸的學者來說，澳大利亞臥龍岡大學資深教授理查・哈蘭德無疑是一個相對較為陌生的名字。這位學者型作家一方面以科幻小說聞名世界文壇，一方面在文學史、文學理論的整理與研究上又獨具慧眼，成果迭出。其代表作《西方文論簡史》（又譯《從柏拉圖到巴特的文學理論》）從遙遠的柏拉圖時代直接貫穿到了當下最為時髦的結構主義、後殖民主義思潮，跨度數千年。文風洋洋灑灑、如神來之筆。記敘評論時而氣勢磅礴，時而詼諧幽默，不失大家撰史的特有風範。

筆者欣喜地發現，在這樣一部文論史中，哈蘭德給我們賦予的資訊遠遠不止是一些堆砌的理論知識與文史常識，也不是其特有的作家文風。更重要在於，哈蘭德為我們提供了一種關於文論史寫作的姿態，並為我們解決了一系列的關鍵問題：怎樣書寫文論史？什麼是文論史寫作時最應關注的基本問題？

通觀《西方文論簡史》筆者認為，哈蘭德的出發點並不是將從古到今的數百位哲人與千奇百怪的美學思想進行簡單地梳理。他的出發點與曾經的文論史書寫者非常不同，哈蘭德從文論史的內部結構出發，著重以一種開放性與問題性的態度，來內省作為文學理論的一種獨特文化圖景。實際上，筆者可以感知到，哈蘭德已經深切地發覺了之前文論史家對於文論史歸納、總結所出現的困境與問題。相比之下，作為文學史重要組成的作品史明顯比文論史擁有更多更值得去闡述的敘述空間。

無論是二十一世紀的西方文論研究的狀況，還是我國文藝學與比較文學的學科現狀，其寫作模式越來越傾向於「馬賽克主義」的書寫。本來在時代上先承後續的文學理論，只要被打上了「後現代」的標籤，就會出現「多元化」的景象，處於此景象中的每一個理論「既不願吸納他者，也不願被他者所吸納」。彷彿後現代成為了導致當代文論史走向書寫困境的桎梏，這在之前任何一個時段都是沒有過的。

如果把一切原因都歸咎於後現代，這明顯是不明智的，也是有失公允的。因為我們在書寫文論史的過程中就已經將自己置於了一種悖論當中。一方面，我們力圖描述新出現的文論圖景，一方面，我們又在為花樣迭出的文論圖景製作更多的問題與桎梏。這種類型的文論史書寫明顯是不利於文學理論的進一步研究。在後現代偽命題面前，對於文學理論的解讀開始出現了各種各樣的策略，儘管這些從文論出發的策略並非都指向文論本身，但它們卻間接地指向「變異」後或是已經被「書寫」的文論結構。作為評論家的哈蘭德，卻能勇敢、果斷地打破以往文論史的書寫原則，拋棄了後現代的敘

述束縛，將不同國家、不同文化與不同思想流派的文學理論予以了重新的結構並在書中營造出全新的理論圖景，這是尤其可貴的。

一

在《西方文論簡史》中，哈蘭德提出了一個迫在眉睫的問題：即時代與文本究竟應是何種關係？在目前文學理論史的書寫中，這個問題似乎變得尤為重要。因為文論觀照的是文本而文論史則又是各個不同時代文論的集合。至於這個集合究竟以何種形式結構？則又是理論家們所關注的問題。哈蘭德把問題更為深入了，他將問題置於個體的文學理論之下，他認為文學理論一方面被時代所決定，宏觀上形成不同時代不同文化下的文學史；一方面，文學理論又是從具體的、個體的文本出發。在哈蘭德看來，文學理論的地位本身就是尷尬的，它既被時代敘述，其自身又敘述文本。那麼對於文學理論史的書寫就徹底拋棄了單純的「時代性」問題，即在書寫的過程當中，時代不再是定義理論的唯一標籤。當對文本與時代同時進行分析、敘述時，理論也就自然而然地呈現了。

德勒茲和瓜塔在《千層高原》中曾如是描摹傳統知識狀況與後現代知識狀況的分野。他們認為，從柏拉圖開始，人類思想就被他們所謂的「知識之樹」所宰製，畢竟思想不是一棵樹。用一元的、線性的與因果的時間順序形式來闡釋思想，明顯是有失偏頗的。當他們提出這個問題的時候，文藝思想開始隨之走向了另一個極端。關於文學理論的敘事再也不遵照時空的順序來進行闡釋，而是主張

一種處於非中心的「遊牧思想」。在這種思想的引導下，一切理論、觀點都可以隨心地比較，文論史變成了坍塌時間框架的一堆散件。

　　無論是「馬賽克主義」還是「遊牧思想」，實際上都是文論史進行敘事時丟失了兩個最為重要的要素，文本與時代。儘管尼爾·路西曾一再強調歷史之死所滲透出來的含義並非是歷史自身的缺失，而是歷史作為符號的一種消亡。在其中，歷史「不再與它自身之外任何東西有關」並「已同它的指涉分離」。這種敘述的危機實際上早已戕害到當代文論史的表徵書寫。文論史已經既無法為歷史代言，也無法為文本代言。失去了時間規制的文論史於是在書寫者的筆下被象徵性地打上了「印記」，在這樣的背景下，文論史自身究竟有多大的分量就變得非常難以界定了。

　　哈蘭德首先從文本出發，他在書的第一章的起始裡如是寫道，「小說、敘事、戲劇以及詩性語言……這些均誕生於遙遠的遠古社會。但是他們卻擁有一個相同的起源，包括他們的思想與理論。」哈蘭德並沒有簡單地把文論史當作學術史來書寫，雖然文字中極少涉及到某個具體文本的引用與評論，但是這些理論之下的文本哈蘭德則了熟於心。他在談到俄國形式主義時主動談及了艾肯鮑姆對於席勒劇本《華倫斯坦》中情節節奏的評價，「主人公因為自己的拖延而促使整個表演的速度變慢，結果導致整個結構與技術都不得不因主人公自己的拖延而變得整體拖遝。」

　　通過這段並不起眼的引用，其實就已經顯露出了哈蘭德在書寫文論史時一個核心的思想，即從文本自身出發，力求做到一種敘事的真實。任何文學理論與文學觀點都是建構於文本之上的，這無法迴避。但是後現代與現代性的敘事者總是習慣於為各種各樣的理論

規範一種語境──實際上這種語境是並不存在的。哈蘭德敏銳地覺察到這種語境自身的不合理性，並果斷地予以了消解。他認為，與「穩定性目標」即「文學批評與文學理論的真實性」是一個需要長久積累的目標，而導致當下文論史書寫缺乏目標性的原因就是書寫的「出發點」本身各式各樣。

　　哈蘭德非常看重時代的作用，這一點與其他的批評家不一樣。後現代也好，結構主義也罷，在哈蘭德看來，都必須歸於不同的時代。他認為，「大量的討論就在不同的時代裡顯示或隱藏」。在哈蘭德看來，文論自身所攜帶的時代意蘊遠遠要高於文本所攜帶的時代價值。文論作為一種獨特的符號系統，再也不像單薄的歷史本身一樣，以一種先驗的能指而存在。

二

　　羅蘭・巴特認為，寫作並不能把人們引向寫作之外的某種東西，而是引向寫作活動的本身。同樣，文論史的書寫並不能將閱讀者引向文論史之外的文本與時代，而是只能將讀者帶入到文論的本身之中。但是缺失了文本與時代的文論史，必定又不能稱其為文論史。在這樣一個敘述的悖論下，文論史的書寫陷入了危機之中。

　　思潮和流派的研究很快在文論史的寫作中將傳統的文學史書寫所取代。雖然文論界認為這種寫作的範式肇始於勃蘭兌斯的《十九世紀文學主潮》，但是這並非意味著勃蘭兌斯的書寫就是喪失歷史主體性的。通觀全書，勃蘭兌斯所使用的方法論與研究策略始終是現代性的──這並不能說明勃蘭兌斯的作品就被打上了現代性

的符號而變得詭異晦澀。相反，作為文學批評圭臬之作的《十九世紀文學主潮》全書貫穿的是社會時代的恢宏視野與政治熱情。擅長心理－社會學的分析方式的勃蘭兌斯與普列漢諾夫不同，他能夠「從作家心理、時代情緒方面解釋與文學相關的社會學現象」，並「說明文學現象及其反映的社會現象。」哈蘭德不但秉承了勃蘭兌斯的文論史書寫姿態，更難能可貴的是他能夠在二十世紀以來的後現代、現代性種種理論中進行探索歸納，從時代與文本兩個關鍵要素出發，逐一釐清。

就當下文論史的書寫而言，尤其是二十世紀後半葉的文論史，常常由於時代太為局促而導致其書寫陷入了所謂的「喪失歷史主體性」的窠臼當中。一部當代文論史，往往就成為了糾纏不清的比較文學理論教材。當這種書寫形式成為了一種潮流之後，對於之前的文論史書寫也開始嘗試用各種各樣的理論去解釋、去闡述。「標準」（或立場）在這裡與「歷史」一道喪失了。文論史所攜帶的資訊再也不是透過時代進行的文本性歸納，而是單純一個又一個的理論。這便是當下文論史最大的書寫危機所在。

但是在哈蘭德的《西方文論簡史》中，我們卻不必擔心有此之虞。一方面，他對所有的概念、理論、原理以及範疇都能夠非常清晰地進行歸納、總結。在他的文論史中，理論往往伴隨著人名，人名則又是在文本的基礎上豐滿起來的。尤其在提到「現代主義與先鋒派」這個敏感問題時，一開始哈蘭德並不急於列舉各種各樣的理論與觀點，而是從「第一次世界大戰」這個命題出發，「世界大戰改變了兩個狀態。首先，在科學中的自然主義信仰、進步以及人類的合理性……其次，人文思想在這場運動中也遇到了顯然地變化。

其中某些還將在下一個時期得到了證明。但最遺憾的是，一戰本身卻是人文主義思想的一個最好反證，並且科學技術在這場戰爭中的主導作用也是相當之大，不容忽視的。」

實際上，第一次世界大戰、第二次世界大戰與美越戰爭也是二十世紀世界文學理論的三個分野點。現代、後現代理論思潮就在這些戰爭的間隙中生發。因為從現代結構主義的觀點來看，戰爭毀滅了人，也「重構」了人，在重構的過程中，人類逐漸學會了反思自我。在這樣一個過程中，開始因為思考而不斷湧現了各種各樣的「人」。在這些不同的思想範疇中，背後都有著時代與文本作為支撐。正如哈蘭德在序言中所說的那樣，《西方文論簡史》並不存在「終結性」的辭彙，其眼光也是「國際性」的，因為二十世紀本身就是一個全球性、多元化的年代。一方面，書寫者要考慮避免時代作為一個隱喻符號的缺失，一方面又要關注於文本作為一種要素的存在。在這樣的條件下，如何才能進行真正意義上的文論史書寫？無疑，這又成為了一個較為重要的命題。

三

在事關文論史、哲學史的書寫過程中，曾經存在著一個巨大的命題：即懷特海所提出的，「全部西方哲學史就是注釋柏拉圖哲學的歷史。」文論史的書寫者充當著一種轉述者的角色，在轉述的過程中，文論史自身就扮演了媒介的角色。文論史的書寫危機，所滲透出來更為本質、更為真實的問題就是受眾對於文論史本身的信任危機。

在現代性的前提下，哈蘭德對於文論史的書寫並不是採取了中和、整合的態度，而是果斷地從另一種途徑出發，打破了文化與文化之間的互異性，重構了一種新的、人類的文論史。儘管二十世紀是發現並重構「人」的時代，但是「人」也在這段時間出現了迷失。先鋒派、非人化與意識形態的終結成為了二十世紀思潮中最為典型的特色之一。

雖然哈蘭德在文論史中勾勒了一幅跨度五千多年的思想圖景，但是他卻沒有把整本書都用來注釋經典。眾所周知，我們當下所看到的亞里斯多德《詩學》與亞里斯多德當時的觀點早卻是謬之千里，亞里斯多德早已就成為了一個被賦予內涵且「能指」的符號──自然其他的「經典」也不能倖免。哈蘭德只是客觀地認同，「亞里斯多德所提供的東西乃是最快到達經典的一流資料」。儘管文論史實際上就是由經典貫穿的史述。但如何解讀經典，重構經典的秩序？這也成為了當下文論史書寫所要面對的一個重要問題。

本雅明曾主張「沒有哪種文明的文獻不是同時也成為了野蠻的一種文獻」。這個觀點至今仍在影響著人們對於所謂經典的判定。哈蘭德並不迷信經典，但是也不會忽視經典的巨大作用。在哈蘭德看來，文論史中只要是提到的作家都是一視同仁的。這種「泛經典」的文論史思想無疑是獨到的。僅就「新批評」這種文論的比較而言，哈蘭德並沒有故弄玄虛，也沒有統統打上現代性的標籤，而是公正地予以觀照。這是與同時代的批評家相比最具特色的地方之一。

「新批評」在當下的批評家們看來，實際上是一種對於經典的悖反。自蘭色姆的《新批評》於一九四一年出版以來，就被打上了各式各樣的標籤。新批評學派雖然認同文本是「有機形式主義」的

獨立體，主張對某個具體文本的「特異性」、「張力」進行評判，但是在哈蘭德的眼中，「新批評」更大的意義則是在於「標誌著文學理論最終反映著我們歷史時代的文學創作」。這是一種高屋建瓴的判定，在這個判定之下所隱藏最大的兩個符號——一個是文本，即「文學創作」，一個就是「歷史時代」。就艾略特《荒原》的解讀而言，一直以來就有著各種各樣的解釋與闡述。約翰‧吉洛利認為，《荒原》直接催生了美國的新批評與英國的李維斯主義。但巧合之處在於，哈蘭德也提到了新批評、李維斯主義與美國南部文藝復興，但是他對於李維斯的評價，卻敏銳地從李維斯對勞倫斯《戀愛中的女人》（Women in love）的再解讀——提出文學作品的語言純潔性入手，深入地談及文本與語言的重要性與興趣所在。當然，哈蘭德也發現了在特殊的時代中，李維斯對於批評家、受眾這兩個重要要素的作用，並深入到對於文本「標準」的討論——這無疑這是非常有價值的。在論及李維斯主義的最後，他如是引用：

> （李維斯認為）迄今為止就價值所帶來的東西而言……對於作品的標準乃是一種固定的、確鑿的安排。每一部作品都可以讓其自身有衝突的反映或引子。在具有新背景意識的批評家中，這種評判是非常自然的。

四

意圖建構一種「泛經典」的文論史，那就必須要將不同的文論史的書寫體系與評判角度納入整個大的體系之中。從學科建制的角

度來看，我國的文藝學與比較文學學科起步較晚，但成果卻極其豐富。一九六三年朱光潛先生的《西方美學史》由人民文學出版社出版，這是中國人自己獨立撰稿、完稿的第一部文論史。在此之後，關於西方文論史的書寫就如雨後春筍一般蜂擁而出，僅就《西方美學史》這個書名而言，在朱光潛先生之後，較為著名的作品就有吳瓊、張廣智、凌繼堯三位學者的專著。而文論史則又以繆朗山、馬新國、張首映、朱志榮與李思孝等幾位學者的作品最為著名。

但是就這些作品的書寫而言，其話語範疇與敘事邏輯仍然是以「意識形態主導性」為主的。儘管這種「主導性」自身有多重邏輯系統。但是在深層次的邏輯背景下則是相通的。無論是上個世紀六七十年代的「蘇式馬克思主義文學理論」，還是上個世紀八十年代的「人的文學」、「向內轉」，抑或是世紀末與世紀初的「大反思」，這些大的書寫潮流實際上就是一種「正統」的標榜以及對於這種「正統性」的追求。

馬爾庫塞認為，所謂藝術品的「正統」，只是「指那種從占統治地位的生產關係的總體出發，去解釋一件藝術作品性質與真實性」。這種理論的立場是嚴格地站在與「時代」相對抗的角度上來進行敘事的。正統的本質在這裡所體現最明顯的特徵就是：認為時代與時代之間存在著重重矛盾。這就從宏觀上直接性地導致了對所有時代均持以否定的態度，最後的選擇就是對於當下時代的「否定」。

縱觀目前國內文論史的書寫，普遍存在著兩個最大問題：結論與結構。所謂結論，即對於二十世紀的文論輕描淡寫，認為新批評、後現代等新的理論，只能算是文學批評，而不能夠稱為文學理論，

自然就沒有資格被寫入文論史；而結構則是整個文本書寫的殘缺性。當然，這種刪改有的是囿於作者的認識，有的是片面地服務於主流意識形態。結論問題與結構問題共同構成了當下文論史書寫的發展桎梏。所謂殘缺，既有文本自身的不完備，對於某些時代、某些作品與某些思潮避而不談；也有是為了主流意識形態需要，進行斷章取義。尤其前者在文論史的書寫中分外明顯。當然這種情況到了後來逐漸出現了好轉，但是對於與主流意識形態即「正統」相悖的經典仍然也只是匆匆幾筆，甚至還會寫上帶有個人情緒的評價。

這種寫作姿態實際上暴露出了文論史的在後現代的書寫危機。不止是中國，即使在西方文論界對於部分作品尤其是當下的作品在經典性問題上也存在著較為普遍的質疑。當下對於部分經典的質疑甚至否定，乃是根源於自由主義者們的思想。他們普遍認為，真正的經典應該獨立於占統治地位的主流意識形態之外，而當下所謂的「經典」卻認為其是「精英主義、男權主義與種族中心主義」的代言。在這樣的思想下，自然也沒有經典，當下所創造出來的，就更無經典性可言。

當然中國文論史的書寫並非是遵循著自由主義的思潮姿態，但是這種漠視經典最後否定經典的態度，卻是極為相似的。因為後現代的學者們往往促使經典與「主義」相聯繫。哈蘭德擺脫了從丹納、普列漢諾夫一直以來的意識形態－社會批評原則。在《西方文論簡史》中，他所採取的評判標準是客觀、學理的。哈蘭德並不認為文學一定要從屬於某種正統，文學家更不是政治家的吹鼓手與御用文人。他自己對於當下流行的這種評判標準如是定義，「反對通過文本來表現一些不受歡迎的政治意識形態……文論家與批評家卻能

在社會中發出振聾發聵的呼聲——絲毫不遜色於政治哲學家與政治理論家。」而理論生成的環境，則「既不是區域性的，也不是個體性的，而是以一種更大的方式與以展現。」

五

　　事關文論史的書寫，哈蘭德看似為我們解決了很多問題，但是具體而微的問題在哈蘭德這裡卻是無法獲得解決的。比如說對於文論史的認識問題，到底文論史是一種何樣的書寫形式？文論史書寫是否需要完整的結論？文論史與文學批評史、與社會史究竟是何種關係？

　　就目前西方文學理論研究的現狀與我國文藝學學科的現狀而言，文論史的書寫一直被歸納於學術史的書寫範疇當中，而學術史又是文化形態史的一個組成。作為線性研究而非平行比較研究的「形態史」研究，我們對於文論史的書寫無疑又掉入了另外一個窠臼當中。「記而不論」於是成為了我們長期以來撰寫史論的一個通病。

　　早在一百年前，克羅齊就提出了「一切歷史都是當代史」的論斷。在後現代－後結構主義的語境中，對於歷史的定義再次遇到了重建。文化理論與文論的研究，於是也因為「歷史」這個自身符號的消解而變得平淡乏味。

　　在不同文化的語境中，建構一種共通的理論，從而直接獲得真理。這是當下文論史書寫企圖獲得的終極目的。而理論的自身就是由「話語」這樣一種符號的集合而形成的。在當下的語境中企圖尋

求一種共通的話語並不是一件容易的事情。話語在傳播的過程中自然會出現各種各樣的誤謬。在這樣的狀態下，我們最需要解決的問題就是：如何才能在這些誤謬中獲得真知？

哈蘭德的《西方文論簡史》或許能為我們進入文論史提供更多的解讀可能，甚至我相信在當下文論史書寫的危機面前，還可以起到指出迷航的作用。但是須知重建一套通適的話語理論則是相當困難的，畢竟在不同的語境中，溝通會讓我們產生越來越多的困惑──這便是我們在解讀文學理論與書寫文論史時所面臨的困境。哈蘭德雖然有自身的局限性，他盡量著力勾勒描摹的理論圖景雖然壯闊，但卻只是屬於他自己。我們在閱讀《西方文論簡史》這部巨著的時候，就應該釐清我們所能感知的問題與困惑。因為任何一個人與任何一段時代，都有著自己獨特的敘事策略與歷史觀，這是誰也代替不了的。

　　原文為上海國際文體學論壇暨全國文體學研究會雙年會發言稿
　　全文載於《承德民族師範高等專科學校學報》二〇〇八年第四期

視覺與影像

——以《視覺文化研究讀本》為例

> 攝影是現代的驅妖術,原始社會有面具,資產階級社會有鏡
> 子,而我們有影像。
>
> ——讓・鮑德利亞爾,《消失的技法》

一

當影像成為一種形式開始統治我們的視覺之時,我們似乎從未反省過一個問題:資訊何以成為影像,而影像又何以走向審美?當人類的資訊交流從聲音、文字過渡到影像時,人類恰恰忽視了自己最擅長的本能:對於自身存在狀態的反省。

如果有人問:影像之後,人類主要的資訊載體是什麼?

這個問題或許會難倒一大批學者——當然也包括一些專門以研究影像而生存、聞名的學者、專家。或者這個問題再尖銳、再苛刻一點:為什麼影像在當下如此受到追捧?

要解讀這個問題,當從視覺文化本身入手,但是視覺文化並非是單獨的、隨意的文化形態,而是被一系列的理論所包裹的。可以

這樣說，視覺文化作為一個研究課題，問世不過數十年的時間，但是其理論體系已然相當成熟完備，在這些事關視覺文化的詮釋、定義與解釋中，如何探尋到視覺文化的本質，才是真正地探討視覺？

視覺包含了一個相當廣闊的概念空間──只要用眼睛看到的，都可以稱之為視覺。但是影像這種新生事物，問世不過短短幾十年的時間。但是視覺卻是伴隨人類始終的一種感覺。它與聽覺、嗅覺與觸覺一樣，構成了人類最基本的感官系統之一。

對於視覺或影像的重視，實際上是人類對於自身的重視。人類在鏡子中窺探到自我，這便是最初的影像，這個影像喚起了人們對於自我的反思。正如鮑德利亞爾所言，鏡子是資產階級的驅妖術，在鏡子裡面，我們能夠最無限地接近客觀真實，祛除虛妄與不切實際的東西。

但是我們現在所看到的影像卻與鏡子中的我們相去甚遠──科技的發達帶動了媒介的進步，這自然也包括我們對鏡像的處理：水銀的冷澆鑄造就了哈哈鏡、溴化銀的發明讓照相機進入了我們的生活、視覺暫留現象導致了電影的產生、電子顯像管促使了一種新藝術形式的誕生、非編器與衛星的問世帶動了電視作為全球化產業的勃興，以及互聯網的應用與普及，二十一世紀的我們徹底生活在各種影像當中了，人開始淪為視覺的動物。

當電視被論證為一種藝術形式時，影像的真實性則被巧妙地消解。人類嘗試並滿足於視覺藝術的審美與對現實改寫的快感，但他們卻失去了瞭解自我的唯一方式。

這是影像留給我們的悖論，人類始終認為，眼見為實，耳聽為虛。當眼見被改變、被藝術化時，我們忽然發現原來生活是可以被審美

的。影像與生活共同作為一種審美化的對象，被美學家們提上了日程。這也是為何進入到新千年以來視覺作為一種研究對象的原因。

　　把視覺藝術的研究歸類並不是一件簡單的事情，無論是文學、哲學還是美術學，似乎都能找到與之相對應的研究範疇。但這並未讓學者們犯難，隨著交叉學科的逐漸密集化。對於視覺影像這個「驅妖術」，開始有越來越多的學者感興趣。而且有意思的是，他們來自於各個領域、各個學科，然後全部在視覺藝術的大旗下匯合，搭建了一整套新的研究體系。

　　在這些蕪雜繁複的理論中，我們很難找到相對應的規律與脈絡。《視覺文化研究讀本》為我們帶來了另一種解讀的可能。雖然這並非是一部原創的著作，但是在這部著作當中我們卻很容易發現「視覺」與「影像」兩者之間的微妙關係──或者更準確地說，這本書直接地告訴了我們，這兩者，並不是一回事。

二

　　每次讀陳永國先生的書都有欣喜，這本《視覺文化研究讀本》也不例外。

　　當視覺盛宴成為人類狂歡的新起點時，一些更深邃、更敏感的人會覺察到影像作為媒介的可研究性。在《視覺文化研究讀本》中，我並未看到高不可攀的藝術形態，也沒有看到艱澀難懂的生僻辭藻。在這樣一本書中，我所看到的是一連串的篇章──除了篇首的「論綱」是陳永國親自撰寫的之外，這本書裡所有的內容，全是陳永國選編或翻譯的。

　　或許這是使得這本書遭受詬病的原因，但或許這恰是這本書最精妙的閃光點──書中所提到的作者，都是最優秀的，無論是前行者本雅明、福柯，還是後來者桑塔格、西蘇與薩義德，陳永國巧妙地予以了串聯，並為視覺藝術的研究奠定了一個巨大的基礎。陳永國自己或許也深知，對於一個歷時性的交叉學科，他並無力去獨自一人詮釋所有的理論，他所做到的只是對於這個學科基本理論的構建，但是這一系列的理論都必須要用到前人的觀點──畢竟回憶錄比口述史要更接近歷史一些。

　　在這樣的一層語境下，陳永國所做的便是盡力還原歷史中理論的具體真實。他顯示出了自己的學術眼光以及對瓦爾特·本雅明的獨特偏愛。他認同於本雅明對視覺藝術理論的卓著貢獻。開篇他便引用了〈技術複製時代的藝術品〉這篇國內外理論界皆耳熟能詳的文章。但是這並非是借此充數，而是利用這篇文章所奠定的基本理論──對於工業社會的批判視角，來闡釋生發其他的觀點，並為後來的觀點實施合法性的論證。譬如露絲·克普尼克、雷納·納格爾與卡倫·雅各這三位學者論述本雅明的文章。在這裡，實際上我們看到了陳永國對本雅明的獨特偏愛。

　　確實，本雅明對於文化工業的再思與批判既是批判理論的重要組成，也是霍克海默、阿杜諾等人觀點的繼承與發揚。從這點來看，早逝並未影響到本雅明學術觀點的發揮與影響，而是促使本雅明在批判理論中起到一個承上啟下的作用。在這裡，陳永國敏銳地發覺了本雅明的理論在視覺藝術理論體系中無法替代但又繼往開來的作用。

　　但是陳永國並未忽略其他同樣重要但與本雅明觀點相左的學者，譬如對於蘇珊・桑塔格的觀點，陳永國仍然予以了採納。這位聞名二十世紀世界的女性公共知識份子，對於影像、工業社會與文化產業並不拒斥，甚至她還認同於人類對於這種語境的依附性。從這點來看，蘇珊・桑塔格作為一個與影像時代共生的學者，她從影像的時代特性出發，提出了與本雅明相迥的學術主張。

　　陳永國的敏銳之處還在於，在這本書裡他列舉了羅蘭・巴特的視覺藝術理論主張，作為上個世紀最具影響力的結構主義大師，羅蘭・巴特在《形象修辭學》一書中提綱挈領地回答了兩個視覺理論中最為重要的問題：什麼是形象修辭？什麼是語言修辭？

　　答案很簡單，前者是發軔於視覺的具象，後者則源於思維的抽象——這是視覺何以成為視覺，影像何以成為影像的理論分野。

三

　　視覺文化研究在國內興起於本世紀初，羅剛與顧錚主編的《視覺文化讀本》是國內視覺文化理論研究的較早論文集，該書與陳永國的《視覺文化研究讀本》在形容與形式上有著異曲同工的地方，首先，在標題上兩者僅兩字之差；其次，在內容上兩者也均為選譯的論文集；更重要的是，兩者都以瓦爾特・本雅明的論著為開篇——但一者為《技術複製時代的藝術品》，另一者則是《攝影小史》。

　　在這裡我無意去論述兩者之間的高下，熟悉西方藝術理論史的人在這裡會很快地理解到這兩本書的本質差異究竟在何處：《技術複製時代的藝術品》批判了「時代」對於「藝術」的傷害並論述了

影像是一門藝術，但視覺並不能完全成為藝術，或者說視覺藝術的前提是視覺影像的存在，但《攝影小史》則更傾向於將藝術與影像合二為一。因為「攝影」在本雅明看來，只是一種對於現實生活的模仿。終其一生，他並不贊同攝影可以構成一種具備審美特性的藝術。

德勒茲的〈繪畫與感覺〉是《視覺文化研究讀本》中的最大亮點，這篇論文是由陳永國翻譯的——陳永國對德勒茲的獨特偏愛在他的作品中時刻能表現出來。所以《視覺文化讀本》並未將這篇文章選入。德勒茲從美術作品出發，來探討超越圖形的兩種可能，一種是趨於抽象，另一種則是趨於圖像。我們可以認為，德勒茲是對羅蘭・巴特觀點的一種補充，兩者同樣都作為結構主義學者，對於事物判斷與分析的方法論無疑有著雷同相似之處。

在互聯網的時代裡，我們時常被視覺充斥。以美術、電影、電視等「藝術形態」（art style）為名義的行為，不斷侵佔著我們的意識形態領域。對於視覺的分析實際上就是對於我們審美環境的結構。實際上，影像作為人類傳播的資訊形態，已然構成了資訊形態的最高、最成熟的形式——即從語言、文字到圖像——前者基於聽覺後兩者基於視覺。實際上，這與口頭傳播、紙質傳播與螢幕傳播是一一對應的。作為人類資訊傳播在形態上的成人禮，影像與視覺的關係自然被當作當代文化研究的重鎮。

但是迄今為止並未看到有關於視覺與影像兩者之間予以區分的基本理論與方法範式，這不是因為當下學界的失語，而是學者們同時面對一個共時性問題時普遍性的無奈。在當下語境下，為影像、視覺等概念予以準確定義，並非易事。

　　《視覺文化研究讀本》中，陳永國較為系統地列舉了「視覺」與修辭、政治、繪畫、敘事、身體甚至女性之間的理論關係。這些關係共同構成了「視覺」作為意識形態交叉學科的可能性。正是這種巧妙的分類，「視覺」與「影像」被順理成章地一分為二，構成了兩個互不侵佔的意識形態領域。

四

　　不是所有的「視覺」（visual）都能成為「影像」（image），但影像必然由視覺產生。這樣解釋或許過於武斷，但卻有效。在《視覺文化研究讀本》中，一向敏銳的陳永國正是遵循這個路子來闡釋的。

　　令人眼前一亮的是，從「問題」（issue）到「問題」（problem）構成了這本書的編撰思路。

　　交叉學科的提出，本身就是在製造問題，如何從這些繁複的問題中跳出，反思問題與視覺藝術之間、影像三者之間的關係，這是最高明的策略。陳永國並沒有陷入前人的窠臼。因為除了羅剛、顧錚主編的《視覺藝術讀本》之外，還有閻嘉、陶東風等人聯合編撰的《文化研究讀本》與《文藝理論研究讀本》（中國人民大學出版社）等相似讀本在《視覺藝術理論讀本》之前問世。從某種程度上說，這些讀本為陳永國編撰這本書起到了啟發性的作用。但從交叉學科的角度來提出問題、直面問題，進而解決問題，既是一種全新的讀本編撰策略，也是知識份子應盡的責任。

　　就視覺藝術本身而言，就是一個談之未竟的問題。作為其橫跨學科、內涵零散的表象，隱含在其本質之中的，則是視覺這個概念之所以能成為概念的核心。對於一個本身存在開放性、共時性特點的新學科理論，最好的方法便是進行交叉學科的探討與研究，這樣既能保證客觀地獲得對問題的認識，亦能有效地闡釋問題、解讀問題。對影像與視覺這兩個概念的認識，要想從其概念內部自身突破並非易事。但是從女性主義、身體語言、敘事策略等角度來切入比較分析，則會將這個問題變得容易許多。

　　值得一提的是，《視覺文化研究讀本》呈現了一種特殊的文化理念。

　　隨著文化研究的深入，各類讀本層出不窮，這些讀本都有一個共同點，即原創性較少，多半屬於對國外前沿理論的摘編。部分論文拾人牙慧，重複性極高。但《視覺藝術理論讀本》中所遴選的論文多半為陳永國本人所翻譯，這個工作量遠遠要大於獨撰一本著作的工作量，這是毫無疑問的。陳永國避輕就重，實際上目的仍是為更好地闡述自己的見解。

　　在書中，陳永國所採取的策略並非是簡單的資料羅列，而是在每一個章節前面都添加了自己的導讀，這實際上也是他翻譯的心得體會。更重要在於，熟悉翻譯哲學的陳永國採取了一種近似於原創的態度來進行編撰──在某種程度上說，翻譯的本質就是一種再創作。

　　譬如本雅明的舊作《機械複製時代的藝術》，已然有了更多的版本，隨處都可拿來使用，但陳永國卻自己親力親為，並將其翻譯為《技術複製時代的藝術品》，這既體現了陳永國嚴謹、原創的學

術理念，亦反映了陳永國自身的文化理念─即主張思想的獨一無二性。再譬如說，就身體與影像的關係，陳永國本可以列舉其他的論著，但他卻特立獨行地選取了桑德・L・吉爾曼的一篇文章，吉爾曼以《健康與疾病》而聞名西方思想界，但她仍未被完全地看作是一個身體理論家，並且亦未被漢語理論界所熟知，陳永國在這裡獨闢蹊徑選取了吉爾曼的觀點，來闡述影像、視覺與身體之間的關係，可謂是慧眼識珠，令人嘆服。

當然，作為一名理論著述，《視覺文化研究讀本》所呈現的仍是一種知識的具象化──即如何通過知識、知識份子以及知識現象的層面，來解決一個當代性、共時性的問題──無疑，影像與視覺的關係只是問題的結構與表象，至於更深層次、更靠近本質的問題，必須需要每一個用心的感知者去用力挖掘。

辯中求變：兼論學術譜系史範疇下當代西方文論研究

——以《理論的逃逸》為例

　　進入二十一世紀以來，整個文化界、思想界都開始逐漸擺脫世紀末的恐慌、焦慮與不安，以及在西方文論研究上的「辨章學術，考鏡源流」的整理性研究，逐漸開始進入深層次的文化反思與對終極價值的探尋。最明顯的反映就是批評家、理論家與理論史家們不再去強調在上個世紀我們所遇到的邊緣性困惑，而是試著去解讀上個世紀思想、文化的軌跡，並釐清其發展的客觀規律。

　　從這點來看，清華大學教授陳永國的新著《理論的逃逸》是一部頗具學術價值與理性思維的綜述性專著。在書中，陳永國並未拘泥於上個世紀紛雜繁蕪的文論概念與理論派系，而是主動地於理論史這個大框架出發，將上世紀西方文論的三個主要發展階段進行對比性敘述，並尋找到了兩條並行不悖的發展線索。看似繁雜無序的西方當代文論在陳永國的筆下變得簡單有序。穿越理論與理論之間，理論發展的客觀規律也就更加一眼明瞭。

　　在《理論的逃逸》之前，國內關於西方當代文論綜述、評論之類的作品並不鮮見。但這些著作鮮有從理論的比較出發，進行綜述性的比較文化學研究。畢竟理論的發展本身存在著先承後續的關係，理論與理論之間呈現出一種非單獨性的、而是一種推進性的、相互闡釋性的內在聯繫。《理論的逃逸》的意義，全在於此。

　　當代西方文學理論經歷了各種變遷、發展之後，遂呈現出了兩個大的趨勢，一個是以研究知識、文化生產形式為出發點，探求全球化語境下當代資本主義（或曰晚期資本主義）文化邏輯為主要目的的理論研究；另一個則是從後現代的知識狀況入手，批判地解讀現代性語境下工業時代、資本流動對於知識、文化生成狀態的「變異」，進而尋求一種超越現代性的出路。從理論邏輯上看，兩者本是相互平行的關係，既不存在「概念的重合」，亦有著相互映射的關係。無疑，在對理論進行釐清、重構的前提下，我們必須要關注的問題就在於：如何破解這兩重關係之間的玄機？面對這兩重關係，我們又應該如何去解讀？

一、語言學的逃遁與重生

　　《理論的逃逸》從開篇便提到了對於解構這個命題的陳述與闡釋。正如作者自己在《文學批評的結構、解構與話語》這篇文章中所提到的那樣，結構、解構與話語構成了上個世紀六十年代以來西方文藝理論與文學批評的三大關鍵字。筆者認為，與其說是關鍵字，還不如說是三個必要的概念範疇。因為這三個必要的概念範疇都是基於索緒爾的符號語言學衍伸而來。那麼，索緒爾的語言學理

論及其《普通語言學教程》就自然當仁不讓地成為了當代西方文論的理論淵藪。

但是索緒爾只是為當代文論提供了一種可操作的方法論，即提供了「二元對立」、「差異」與「意指」等基本概念。生活在一百年前的索緒爾，並未能也不可能為當下後現代語境下的知識狀況與文化生產模式提出自己的預言與看法。那麼，形成與索緒爾之後的結構主義與解構主義究竟在索緒爾這裡借鑒到了什麼呢？

這是《理論的逃逸》第一章重點所提到的問題，也是當下文論界審理當代文論譜系「合法性」的一個重要課題，即索緒爾之於當代西方文論的價值與意義。陳永國認為，索緒爾超越了之前的語言學家，建構了「語言」與「言語」兩個重要的範疇，並以此為基礎，確認了「語法」這個概念的理論價值與現代性意義。

當然，索緒爾的「語素」觀念為後來結構主義、解構主義者提供了一種最為便捷的方法論。事物與事物之間的關係不再是非此即彼或是相輔相成，而都作為「系統」中的兩種客觀存在而共生，既相互關聯又相互區別。語言學的意義，便是在於為後來諸多社會科學學科門類的研究，提供了一個前所未有的範例。

傳播學者麥克盧漢曾有一個論斷：「魚不知道自己是濕的。」這個論斷的意義在於，魚生活在水的當中，它自然無從知曉自己是濕的。作為生活在一個大的「系統」中的我們，自然也無從單純憑藉感知去揣摩整個系統的存在意義。筆者認為，索緒爾的意義，並非在於為後來者提供一種批評的手段或是工具，而是為我們去解讀自身的存在的意義、形式提供了一種方法論意義。

　　《理論的逃逸》一書中充滿著作者自己對於結構主義方法論意義的看法與理解，陳永國認同結構主義者們對於索緒爾觀點的發揚與繼承，即社會生活本身就是一個龐大的「語言系統」，每一項社會生活自身存在著其自己的「語法規則」。他列舉熱拉爾·熱奈特的觀點，「文學生產」這樣一個看似語言研究無關的社會學範疇同樣也存在著索緒爾所稱的「二元對立」——即語言與言語的對立，熱奈特認為，文學生產是語言，文學消費則是言語。從語言學出發的結構主義開始逐漸引申到接受美學、傳播學，甚至社會學的不同語境當中。

　　根據書中所述的理論，筆者也曾在傳播學中進而過如是的推斷，在大眾傳播中同樣也存在著類似於上述的「二元對立」，即在傳者（媒介）與受者（社會）中尋求一種資訊的傳播，即斯圖亞特·霍爾所稱的「符碼轉換」，編碼對於媒介來說，即一種個體的言語，當這類言語在社會中被廣泛接受並形成反饋資訊後，社會對於其的解碼便構成了一種「語言」。可見索緒爾的語言學方法論確實存在著相當大的話語空間。

　　表面上看，索緒爾的語言學在解構主義之後，陷入了一種被桎梏的危機——後者從此處汲取營養，但《普通語言學教程》這本書目前仍然只是被大多數語言學、修辭學的研究者所使用，並未能真正地受用到各個學科範疇。當然，筆者在這裡並非過分強調結構主義的價值與意義。因為在德勒茲、詹明信之後，語言學一方面被隱遁，一方面又被發揮，不斷在其他學科中變型、變異，形成新的方法論，比如說《理論的逃逸》中第二章關於「互文性」以及歷史敘事的分析，我們分明看到，語言學在當下確實獲得了前所未有的重生。

二、德里達與德勒茲：殊途而同歸

筆者在翻譯《從柏拉圖到巴特的文學理論》全書時，在書的最後，一眼瞥到了當代法國後結構主義大師吉爾・德勒茲的大名。把德勒茲引入中國大陸的，應該是陳永國。對於這位以「遊牧思想」與「千層高原」論斷而聞名西方思想界的學者，筆者自然是懷著十二萬分的敬意。於是在譯著的最後，筆者不揣固陋，貿然用了兩張照片，將德勒茲與德里達並列，並稱「『兩 D』既是當代法國哲學的座標人物，更是西方後結構主義思想的雙子星。」

但在《理論的逃逸》這本書中，陳永國卻洞若觀火地將德里達與德勒茲劃到了兩個門派當中，從屬於西方文論兩條不同的發展線索。他認為，德勒茲的理論淵藪當是卡爾・馬克思，而德里達則是直接從索緒爾那裡獲得理論源泉。兩者雖同為後結構主義代表人物，但門派、方法與批評策略皆不相同，最後竟然都以後結構主義為最終理論歸宿，這不得不說是思想史上的一次巧合。

但是德里達與德勒茲在學術淵藪上果然就一點關係也沒有嗎？若是從兩者所關注的廣義哲學範疇上看，前者主張以「在場」的原則，來還原藝術的真實，而後者則強調更高層面上的哲學存在，而並非如德里達一樣，致力於語言學、文藝學等諸多領域的方法論研究。但是兩者的關係，是否也可以視作是後結構主義體系中的一種二元對立呢？

學者趙一凡認為，德里達的學術淵藪可以直接上溯到胡塞爾的現象學研究（弗朗索瓦・多斯更是直接認為德里達是一位現象學

家）[1]。但德里達的目的，則是運用語言學的手段，打破現象學的形而上桎梏，意圖還原到事物的本質。德里達所主張的本質，恰巧與現象學所提倡的本質相反，前者強調「在場」，即本質的客觀存在性，後者所強調的是一種先驗的、形而上的東西，即柏拉圖所稱的「項」（Eidos），或黑格爾、荷爾德所說的「時代精神」（Zeitgeist）。從《論文字學》等德里達重要作品分析，他似乎也繼承了馬克思關於客觀事物存在形式的論述。

但陳永國認為，德里達終生所致力的，並不是對於現象學的質疑，而是後學者所稱道的「解構」。德里達的解構，實際上是從海德格爾那裡繼承而來的一個學術觀點，即對於事物的一種顛覆、揚棄，從而探求其本質真理，譬如其提出的「延異」概念。從現象學入手確係德里達的學術之始，但是其方法論則深受索緒爾語言學的影響，甚至他自己本人最後一直致力去完成的就是對「語音中心主義」（邏各斯中心主義的一種）的顛覆，這些都是其踐行「解構」理想，並將其實踐化、豐富化的結果。在德里達看來，後結構主義不是去描摹事物存在形式、探索人類心靈世界的世界觀，而是一種作為批評策略的方法論，這便是他與德勒茲關於後結構主義在認識上的最大的不同。

德勒茲從「欲望」出發並肯定了其合法性與合理性，他認為，欲望的最大價值在於具備革命性與顛覆性，並且他不斷地否定、攻擊甚至意圖去摧毀關於中心化、權威化以及任何總體化的既成建構。他試圖去建立的，並不是某個具體的文化形態，也不是一種細

---

[1]　趙一凡，《從胡塞爾到德里達：西方文論講稿》，三聯書店，2006 年。

緻的方法論體系,而是一個本身帶有宏觀的意識形態整體。德勒茲畢生所致力研究的,乃是事物的存在特性與其本原。從這點來看,他的遠比德里達宏觀。

從這點看,兩者的關係確實是殊途而同歸。一個意圖建構後結構主義的世界觀,而另一個則是不斷去探求後結構主義的方法論路徑。後者遠比前者宏觀,但具體的方法論必須要建構在具體的思想方法之上,這便是兩人殊途同歸的本質所在。從這一點上看,張法先生也認同「在思想方法上,德勒茲又緊緊跟隨德里達」。

三、關於詹姆遜「敘事」與「解域」的再解讀

無疑,詹姆遜(又譯詹明信)是當代西方最重要的思想家之一,也是對於中國當代文學批評與文化理論有著巨大影響的批評家。自 1985 年詹姆遜的北大演講以來,其影響力已經不但超越了文學批評的內部邏輯,更是直接跨學科地影響到中國當代文化理論的整體建構,並直接地催生了中國後現代主義的研究,當時聽過講座的那一批學者如陳曉明、張頤武、張法、王一川等人,日後都成為了中國後現代理論研究的重要學者。用張旭東先生的話說,其影響「讓來訪的西方學者都感到吃驚」。但是正是這幾年,文化批評與文化理論在不斷被引入、被闡釋的時候,詹姆遜的影響力卻逐漸在下降,並漸漸被福柯、哈貝馬斯、德勒茲等學者的影響力所取代。

重讀詹姆遜,於是便成為了研究當代西方文論的一把鑰匙。詹姆遜的思想與其學術觀點,顯然在當下還是有著非常大的價值,尤其是詹姆遜關於五個歷史階段與現代主義、後現代主義相對應的劃

分，以及晚期資本主義的定義，至今仍然是文化研究界最為常用的通行法則。所以說，對於詹姆遜相關理論的再思考與重構，顯然有著特殊的文化意義。

詹姆遜認為，現代化，現代主義時代的病狀是隔離、孤獨和自我毀滅，而後現代主義的病狀則是零散化，「自我」走向了消解與迷失。據此，詹姆遜主張，現代主義的作品是告訴受眾如何解讀，而後現代主義的本質則是拒絕被解讀。這便是兩者最大的區別所在。最後，詹姆遜認為，後現代所推出的大眾主義，便是後現代的病態衍生物──抹殺了高雅文化與商業文化之間的界限。

資本的現代敘事便構成了詹姆遜著力指出、批判的一個切入點。作者在書中高屋建瓴地從詹姆遜的新作《單一的現代性：現代性的哲學和意識形態分析》（二〇〇三年）入手，談到「當下時代的倒退」這一觀點。在這裡陳永國意圖用「回歸」這個定義來引發「現代性」這個概念。

這兩個概念的生發與衍進，是建立在作者對當代文化理論與詹姆遜的高度瞭解之下做出的一次理論「嫁接」，詹姆遜的觀點之所以在當下中國的理論界未能像當年那樣引起轟動，其主觀原因恐怕還是與其自身的「理論狀態」有著必然的聯繫。因為當下西方文論的理論已經逐步走向了體系化，對於詹姆遜理論的再解讀，理應從梳理其理論開始入手。陳永國系統地梳理了詹姆遜的理論脈絡，在最後歸納出其主張的「現代性敘事」三個原理：斷代無可避免、現代性不是概念而是敘事範疇，以及意識和主體性的非再現性，所能敘事的只有現代性的環境。

「解域」是該書論述德勒茲學術觀點時常用到的一個概念，最早在其大文〈翻譯的文化政治〉中便早有論述，從一開始，「解域」、「界限」與「越界」乃是適用於翻譯過程中文本意義的變化。而在《理論的逃逸》一書中，陳永國尋找到了一個新的切入點，即德勒茲所提出的「解域化」問題[2]。

詹姆遜對於德勒茲所提出的解域化概念表示「非常恰當」的贊許，雖然德勒茲不和詹姆遜一樣是一位堅定的「馬克思主義者」，但是他的觀點卻與馬克思的全球化理論頗為契合。而且德勒茲（與瓜塔里）的研究都是建立在對於馬克思政治經濟學以及對於資本主義深入研究的理論基礎之上的。

汪民安教授在《理論的逃逸》一書的序言中如是認為，作者所梳理的理論路線中，從馬克思到德勒茲到詹姆遜再到哈特是重要的線路之一。這是《理論的逃逸》一書中一個重要的理論發現，將這四位思想家合列一群，確實在國內的理論著述中前所未見。作為對於關於全球化文論的梳理，其意義不只在於一次理論的分類與重現，更是以超越時代、理論的視域，為全球化語境下「解域」這一重要概念的界定與趨勢做了一次非常必要的闡釋與重構。

四、文化、翻譯及語言的政治

翻譯與政治的關係，一直是筆者近年來關注的一個學術問題。準確地說，從二〇〇四年初為上海的《社會科學報》做翻譯開始，

---

[2] 陳永國，《理論的逃逸》，北京大學出版社，2008 年。

因為當時就涉及到國外時政、學術前沿動態的翻譯，在翻譯的過程中，常常要因為政治、文化等諸多因素，修飾原文的意思，最後導致譯文與原文存在著非技術上的出入。在此之前的二○○一年，筆者就曾接觸過中央編譯出版社當年出版、由許寶強與袁偉主編的《語言與翻譯的政治》一書，這本書被學界稱為「在一定意義上填補了大陸語言政治，翻譯政治研究的空白」。

但是這本書並未能觸及到翻譯與政治的一些實質性問題，該書所選取的文本共有八篇，以福柯的〈話語的秩序〉為開篇，正如此書編者所言，「本書的翻譯從福柯開始。這似乎構成一個隱喻，為解讀者有關當代話語和翻譯的政治確定了從一開始就註定要被質疑的起點——很少有人像福柯那樣一針見血地指出『起點』的不可靠和誘惑。」但是這也為本書的邏輯關係、內容導向定下了一個調子，即對於翻譯／政治關係的一種檢省，而並非是對於深層次邏輯關係的梳理。

二○○五年，《理論的逃逸》的作者陳永國主編了《翻譯與後現代性》一書。可以這樣說，該書構成了當代翻譯與政治比較研究的一個轉捩點，即翻譯／政治的研究從萌芽終於走向了形成。在該書出版後不久，同為清華大學教授的王憲明先生亦出版了學術專著《語言、翻譯與政治》，值得一提的是，此書以對嚴復《社會通詮》的文本學、譯介學研究為立論依據，首次將「翻譯／政治」的關係落實到具體的文本個案研究上來。

《理論的逃逸》一書以本雅明、斯皮瓦克兩位西方重要思想家的理論作為研究對象與出發點。本雅明〈翻譯的任務〉作為陳永國在《理論的逃逸》一書中事關翻譯論述的開篇。因為這篇文章談到

的翻譯問題與以往所提及的翻譯問題大不相同，這篇文章的主張與陳永國的翻譯觀有著不謀而合之處，即認為翻譯理論研究被看作是無關信達雅、無關外語水平的一種學術研究，其所關注的維度應該是語言與世界的關係問題、能指與所指的不確定性問題與表達與意義的分離問題等語言哲學範疇的諸問題。

那麼，我國翻譯界一直所熱衷於從修辭、句讀等修辭層面去探討的「文字翻譯」在這裡就被擢升到了「文化翻譯」的意識形態層面，即翻譯的文本被賦予了除了文本研究之外的另一層文化研究意味。當然，這與文化研究的漸熱並不無關係。要想在目前的語境下從事翻譯理論的研究，就要打破之前翻譯研究的桎梏，主動地做到與文化研究的「對接」。

在《理論的逃逸》中，作者運用了德勒茲的「流動」、文化霸權以及斯皮瓦克的「跨國書寫」等新穎的翻譯理論，系統地打開了翻譯研究新視域，這在國內學術界可以說是一次前所未有的理論總結。但是在〈斯皮瓦克：作為解殖策略的翻譯〉一章中，他又將上述的翻譯研究再次擢高到「後殖民主義」的研究高度，將斯皮瓦克的「解殖」策略引入到了翻譯理論研究領域當中。

語言是具備政治性的，尤其是在翻譯的過程中，語言會成為一種政治的具象。在陳永國看來，斯皮瓦克的翻譯觀點是對德里達解構主義觀點的一種繼承、開拓。他發現了德里達《論文字學》對斯皮瓦克的影響非常深遠，畢竟斯皮瓦克是《論文字學》的英文譯者。她對於《論文字學》既有發自於語言的文本理解，又有著發自於深層次邏輯的文化思考。她認為，翻譯具備最大的兩個特徵即「習語（語言）的不可譯性」與「翻譯自身的往返穿梭性」。

　　這是斯皮瓦克在對德里達翻譯觀或語言觀的繼承下所做出的學術判定。就斯皮瓦克對翻譯的認識而言，其出發點則是其翻譯觀「閱讀即翻譯」，但是她又繼續認定「哲學的起源是翻譯」，在這裡，斯皮瓦克從繼承了結構主義者們的學術傳統──分析意識形態從語言學入手，「翻譯」便成了斯皮瓦克研讀文化後殖民主義語境的一個重要突破口。

　　斯皮瓦克曾經主持過「『屬下』（subaltern）研究」的課題組，該課題組用德里達的解構主義方法論原則，以跨文化語言、翻譯研究為具體策略，系統地對英殖民時期印度「屬下」（底層土著人群、被統治的農民、手工業者、小市民等當地人）這一特殊社會階層進行語言、歷史等文化研究。這是斯皮瓦克首次將其翻譯／政治理論運用到社會分析的實踐當中。通過這次實踐，斯皮瓦克更加認同了自己的觀點，語言研究在這裡就成為了一個管窺殖民、霸權問題的視窗。

　　在序中，汪民安先生評價，陳永國在文關注的另一條線路，就是從索緒爾到德里達再到斯皮瓦克的線路，這條線路是以索緒爾的語言學為發端，德里達的秉承索緒爾的語言學方法論，將語言學研究拓寬到解構主義的意識形態研究當中，而斯皮瓦克又以翻譯德里達的《論文字學》，將解構主義的方法落實到解殖、霸權等問題的研究當中。但反過來看，斯皮瓦克的路子，還是從索緒爾那裡一路延續下來的。

五、「世界銀行文學」的「合法性」求證

　　世界銀行文學是本書最後一章所重點論述的一個主題，所謂「世界銀行文學」，實際上是一本書的名字，作者是美籍印度裔學

者、文化研究專家阿米塔・庫瑪（Amitava Kumar）。這本書的理論
基礎仍然是斯皮瓦克的後殖民主義文學的文化研究理論。但是在這
本書中，庫瑪首提「世界銀行文學」這一概念，在這一概念在內指
性上的限定是由兩個不同的概念拼接而成，一個是世界文學，一個
則是世界銀行。

筆者認為，「世界銀行文學」是繼歌德「世界文學」、馬克思「世
界文學」之後，針對全球化語境下，就文學的現狀與知識的生產狀
況，再次提出的一個文學概念。在經濟全球化、資本解域性流動的
當下，文學作為意識形態的重要組成，自然也存在著前所未有的變
化與新特徵。隨著經濟的不平等發展，由發達國家主導、成立的「世
界銀行」成為了經濟全球化的一個標誌、符號（陳永國稱其為焦點、
隱喻或代理者）。世界文學隨著世界銀行的形成而變化，隨著資本
的解域化流動而流動，成為了世界文學的新特徵。

《理論的逃逸》指出，「世界銀行文學」的提出，本身就是一
次以激進政治為意識形態的轉向，其背景是後殖民時期、晚期資
本主義或全球化狀況，而題材則是資本解域化流動之下底層人的
生活狀況，在研究過程中，則是把文學與當下政治、經濟活動相
聯繫。

書中稱，所謂世界銀行文學（World Bank Literature）實際上並
沒有一個明確的定義，也沒有具體的國別或語類所指。這句話在某
種程度上為世界銀行文學做了一個限定性的定義，即世界銀行文學
所存在、應用的範圍是普適性的。即皆存在於「全球化」所涵蓋的
巨大命題之下。既然是全球化，那麼就沒有語類、國別一說。況且
資本、意識形態的解域化流動，根本是不以某些國家的政策、意志

為轉移的。這樣說來,「世界銀行文學」,遂構成了全球化下的一個命題。

　　「世界銀行文學」在某種程度上是具備著方法論意義,即如在《理論的逃逸》中所述的那樣,以文學或文學研究的方式,探討如何在當今的世界上生活。當下世界的核心就是全球化問題,文學與文學研究當不能回歸到民族主義與保護主義的時候,那就只有努力去實現另一種不同的全球化,即文學作品必須要與當下時代所貼切——只是可以進行不同視角的觀照,但是必須要講述新的故事、連接新的關係、闡釋新的主體性,故而我們可以得知,「世界銀行文學」這一名詞存在的合法性意義,即建立在全球化這個命題之上。

　　那麼,《理論的逃逸》對於「世界銀行文學」這個名詞的認定又是什麼呢?最後,該書將「銀行」作為一個切入點,認為「銀行」作為跨國資本解域化流動的重要載體與主要手段,在全球化的過程中起著不可替代的作用。這與歌德在歐美工業時代興起時所提出的「世界文學」概念則是不謀而合的。全球化的載體與手段與解域化流動的途徑發生了變化,文學的本質自然也發生了變化。

　　正如在書中最後所說的那樣,世界銀行文學的啟示還在於,當下學者們對於文學、文化的研究,不再困頓書齋,以理論套理論,而是主動走向社會、關注民生,開始嘗試去研究全球化這個大社會與文學之間的內在邏輯關係,逐漸地從文學研究深入到社會研究,越發接近、深入到文學的本質。從整體層面來看,這亦是當代中國文論界的一個視覺盲區。

六、當代西方文論的學術譜系從何而「變」？

迄今為止，對於當代西方文論的研究我們仍然未能走出「辯」
的邏輯，即在研究西方文論時，我們常常強調西方文論的流變脈
絡，以及不同學派、不同主張之間的關係。反映到研究成果上，
就是以概論、理論史等作品為主，幾乎沒有對於不同理論之間的
比較研究。文論研究者往往就走向了兩個極端：文學史家與文學
批評家。

當然，這也與當代中國西方文論的知識份子結構有著密不可
分的聯繫。大部分從事西方文論研究的學者缺乏外語學科背景，
多半是從文學批評、文學史與文藝美學等領域出發進行跨學科研
究。誠然，這為豐富多學科的中國文學理論體系有著非常有價值
的探索，而且也在近年取得了值得關注的成果。尤其在一九八五
年詹姆遜訪華與前些年哈貝馬斯、吉登斯相繼訪華後，中國學術
界對於西方學術前沿理論的譯介、引進可謂是年年空前，但是從
整體上看，仍是以譯著（含編譯的文集）、西方文論史以及關鍵字
式的簡介等專著為主。真正深入到邏輯內部進行反思、批判與總
結的並不多。

對於當代西方文論的建構，國內學者真正參與的並不多。雖然
王逢振、趙一凡、申丹、趙稀方等學者在西方文論界存在著一定的
影響力，甚至還有著重要的一席之地。但是從對於當代西方文論的
研究狀況來看，僅憑幾位學者的探索仍遠遠不夠，而且從整體上

看，國內文論界自身就缺乏一種眼光：如何在「辯」之後主動去獲得「變」的可能？

誠然，就中國的文論界而言，從法蘭克福學派到當下仍活躍的霍爾、姚斯、霍米・巴巴等西方文論家陣營幾乎是人人聖賢、字字珠璣。不少連學者本人都覺得有待修改的作品卻被中國的文論家引進到國內來，被奉為一等一的經典。

筆者認為，《理論的逃逸》的現實性意義在於如下幾點：

首先，《理論的逃逸》實質上為我們提供了一種敏銳的精神（或曰研究的範式），這種精神是國內學術界必須的。即中國當代文論亦屬於世界文論體系的重要組成，文學的新殖民主義遠不如理論的新殖民主義可怕。我們在探討「失語症」的時候，恰恰使用的是失語症的方法。從索緒爾的語言學到法儂、薩義德的後殖民主義，歷史跨度近百年。作為當代西方文論的學術譜系史，陳永國本身有著自己的看法與標準。雖然表面上陳永國所做的是一種粗線條的敘述，但實際上他本身有著一個敘述標準，並非所有的文論家在他眼裡都是經典，而且陳永國本人具備自我的學術立場，譬如對於後結構主義詩學、敘事學以及後殖民主義，陳永國發出了自己的聲音——當然，這是經過深思熟慮之後的思考。

其次，陳永國為非西方學者參與世界性文學理論體系的構建提供了一個範式。自上個世紀七十年代以來，大量的非西方學者開始積極地參與到當代世界文論的構建當中。其中有師從於阿蘭・布魯姆的日裔學者福山（Francis Fukuyama），曾以提出「歷史的終結」而蜚聲西方文論界，也包括巴勒斯坦裔學者愛德華・薩義德（Edward Saïd），其人以東方學與文化帝國主義研究執西方亞洲學研究之牛

耳，以及印度學者霍米‧巴巴（Homi K. Bhahba），先後執教於牛津大學、哈佛大學，現在是西方後殖民理論的權威代表。這些都是非西方的學者，卻在西方文論的建構上參與了一己之力。

通過如上這些列舉，很容易發現兩個問題，這兩個問題亦是陳永國一直所致力去解決的範疇。

首先是「學術譜系史」的問題，即非西方學者並沒有將自己當作是西方文論的旁觀者，而是將自己主動地容拿到學術譜系史當中，積極地參與整體性的構建與完善。正因為他們的努力，西方文論被拓展成為了世界文論，東西方的分野不再變得明顯，而且東方在文論語彙上也逐漸擺脫被殖民的境遇。這也是數代東方文論家篳路藍縷的結果。

其次，在這些文論家中，卻始終未能看到東方文論家的身影，實際上陳永國先生在《理論的逃逸》中已經嘗試著去以一個東方文論家的身份參與到世界文論的構建當中。譬如說對於敘述標準的權衡，以及對於各種理論的批判性介紹，文論並不只是資訊的一種，而是一種方法論意義。那麼中國文論家的價值就不只是一種傳播者，而是要以一種對話者、參與者的形式出現。

陳永國的《理論的逃逸》本身是一部嘗試性的著作，這部著作本身亦不是完美無缺的。譬如說對於西方文論與古典文論的關係並沒有詳敘。西方學者理查‧哈蘭德（Richard Harland）在《解構主義與結構主義的意識形態》一書中，卻很精妙地闡釋兩者之間的關係，這是中國學者應該去積極關注的。但是陳永國的這部著作卻能以一己之力、一己之眼光做到廣博的視域輻射，努力盡可能地開拓更為深遠的學術視野，並以一個文論家而非傳播者的角色融入到世

界文論的體系構建，拙以為，這才是《理論的逃逸》給我們最大的啟迪。

原文發表於《廣西大學學報（哲學社會科學版）》第三十一卷第二期

國家意識、人文情懷與文化觀

──以傅雷為中心的知識份子考察

　　傅雷既是我國現當代文化史上的豐碑，也是世界知名的翻譯家、文藝理論家。作為一名翻譯家的傅雷，他的翻譯思想自成體系，形成了自己獨特的翻譯理論。其中不但體現了人文博愛的大師風範，亦展現了客觀嚴謹的學者風度，更關鍵在於，他的翻譯思想與美學思想共同構成了傅雷獨特的文化觀，在他的文化觀中，國家意識、人文情懷獲得了充分體現。

　　值得注意的是，近半個世紀以來，對於傅雷的研究一直從他的法文譯作與他的《傅雷家書》這兩種文本出發，以探討他的思想內涵與翻譯功力為主。但對於他的翻譯思想與美學思想的比較性探討，卻鮮有提及。在此，筆者將從傅雷早期形成的「國家意識」與「人文情懷」這兩層思想意識出發，在「現代性」的層面上，對傅雷的文化觀──即其翻譯思想與美學思想進行比較性地深入探討。

一、國家意識、追尋美與塑造人

　　可以這樣說，一九八六年從上海大同中學退學是傅雷一生中第一個轉折，也是最重要的轉折之一。一九二六年正是全國學潮風

行，全國各地開始了學校驅趕校長的風潮。幼年喪父的傅雷一直跟隨嚴厲苛刻的母親長大，從小就具備憂鬱、暴躁與剛直性格的他在盛行全國的學潮風中很快就成長成了一個「帶頭掀起反對學閥的鬥爭」的激進學生。很快，蔓延全國的學潮被鎮壓了下去，作為「帶頭」的傅雷，自然「頗受學校當局嫉恨」，為求自保，隨即從大同中學退學，被母親帶回了鄉下。

如果沒有大同中學的「學潮風潮」，傅雷是不可能在一九二七年毅然決定赴法留學的。從大同中學退學，其實是傅雷的第二次失學。在此之前一九二四年，考入了當時的基督教徐匯公中十六歲的傅雷就因撰寫了抨擊宗教神權的文章而被徐匯公中退學。但這次退學並未給傅雷太大的警醒，同年考入大同中學的傅雷，依舊我行我素，熱衷政治。當時的大同中學與徐匯公中實際上有著本質的區別，建校於一九一二年的大同中學甫一開始是一所大學，一九一三年興辦了相當於高中學歷的大學預科，但是其附中到了一九二八年才建立。眾所周知，一九二六年的上海，正是積極接受新思想、推翻舊道德的時代。在時代的大潮中，無論走到哪所學校的傅雷都並未改變自己的性格。這種不與世俗妥協的性格，強烈的批判精神，為傅雷的一生奠定了非常堅實的啟蒙思想基礎與社會責任意識。

當時的法國是中國文藝青年夢寐以求的聖地。因為法國天然的浪漫主義、自然主義與印象主義的流行，加上拿破崙的資產階級革命，無疑對於尋求啟蒙道路的中國青年是極具誘惑力的。劉海粟、徐悲鴻、朱光潛、梁宗岱等一批文藝大師均是傅雷留法的同學。從相對禁錮的中國走向了絕對自由的法國，這對於傅雷的一生有著相當大的意義。

　　心理學家榮格認為，人的一生最大的思想形成階段就是十八歲到二十三歲這段時間，這八年的時間是一個人「原型」結構的五年。十八歲負笈留洋，二十三歲從法國回國的傅雷，其人生觀是在一個開放、自由的國度中形成的。幼年環境桀驁清高、憤世嫉俗甚至情緒暴躁這些與中國傳統公序良俗所格格不入的心態在法國所遇到的不是磨練，而是愈發拔高。他甚至在家中已訂婚的前提下，在法國還與一位法國女郎瑪德琳相好。帶頭鬧事、婚內出軌這種被中國傳統社會排斥的行為在傅雷身上卻不斷上演著。

　　到了法國之後，他並沒有完全地沉浸到藝術文學之中，而是一直熱心國內的政局。一九三一年春訪問義大利時，他就曾在羅馬做了《國民軍北伐與北洋軍閥鬥爭的意義》的演講，並發出了「我愛我的祖國，她雖然貧困落後，但她是撫育我的故土，我們中國人要為國家爭一口氣，使她快快繁榮富強起來，東方睡獅呀！你到底什麼時候能醒轉過來呵！」[1]的呼喊。無疑，作為中國公民的國家意識不斷在傅雷遊歷的過程中增強，即使在他的部分作品中，仍舊帶著強烈的批判意識。一九三二年剛回國的傅雷就面臨「九一八」事變的殘酷事實。有著公民責任感與強烈國家意識的他，結合著他的反叛性格，很快就成立了「決瀾社」，該社的成立初衷就是「不滿中國藝術的現實」，但是在該社的宣言中，則非常鮮明地表露了該社的公民國家責任感。[2]

　　回國後的傅雷，一直也在讓自己的藝術生涯與政治相結合，他的國家意識與日俱增。在《貝多芬傳》的譯者序中他寫道，「唯有

---

[1]　金聖華，《傅雷的世界》，三聯書店，1998年。
[2]　胡震，〈傅雷與決瀾社〉，《美術學報》，2005年2月。

抱著『我不入地獄誰入地獄』的精神，才能挽救一個萎靡而自私的民族」。中華人民共和國成立之後，傅雷喊出了「為社會主義建設事業效忠」[3]的口號。即使之後被劃為「右派分子」，他也沒有因為受到不公正待遇而牢騷抱怨，而是在沒有工資的情況下，主動要求靠自己的稿費收入養家糊口。並在給樓適夷的信中說，「政策時事，息息相通，未敢脫離實際，愛黨愛友之心亦復始如一。」[4]這種在新中國政權下任勞任怨持順從態度的新中國公民傅雷，與對於當年在軍閥政權下帶頭鬧事的學生領袖相比，簡直判若兩人。

　　無疑，受過西方高等教育的傅雷，在人生觀上與西方人文主義、人性主義的人生觀趨同，這並無可厚非。在這些實例中，我們可以看到一個真實的傅雷，他的一生都是在進行著自我的追尋。正如前文所說，他在追尋的過程中逐漸形成了兩重重要的思想意識，一層是公民責任感的國家意識，一層是「追尋美」與「塑造人」的人文情懷。一方面，這是與法國當時的文藝環境與政治背景息息相關的；一方面，這也與當時中國的政局形勢與國際形勢是分不開的。但總的說來，這兩重觀點為他日後美學思想、翻譯思想的形成，具備著非同一般的影響。

二、「神似觀」與「自我觀」

　　米蘭·昆德拉認為，小說家的精神是複雜的精神。實際上不單單是小說家的精神是如此，翻譯家的精神仍然也是複雜的精神。這

---

[3]　傅雷，《傅雷譯文集》（第十一卷），安徽人民出版社，1982 年。
[4]　傅雷，《傅雷文集·書信卷》，安徽文藝出版社，1998 年。

種複雜則是從更廣的角度出發，其本質就是一種個性的彰顯。藝術家無疑是世界上最具個性的人群，而從小桀驁清高、帶頭鬧事甚至還在法國弄出婚外戀的傅雷，顯然是上帝專門為藝術家這個行當而製造的一個生命個體。

傅雷首次嘗試翻譯是在初抵法國的一九二八年。他的處女作是試譯都德的一個短篇，但未投稿。一九二九年，他在瑞士萊芒湖畔翻譯《聖揚喬而夫的傳說》，並載於次年出版的《華胥社文藝論集》，這是他發表的第一篇譯作。但是次年他就開始著手翻譯丹納的《藝術論》。從文學翻譯往學術翻譯的過渡，對於翻譯者來說，顯然是一種非常艱難的轉變。年輕且精力旺盛的傅雷，實際上做的是一次進行自我的挑戰。

文學翻譯與學術翻譯的關係，其實是與文學創作與學術研究的關係是一樣的。文學要求的是「美」但學術則要求的是「真」，但是事關兩者的翻譯，則需要一種共同的特性──「信」。所謂「信」，實際上是要求譯者必須忠實於原著，準確、精當無誤地來將原著作品中的資訊轉換為另外一種文字。這不但要求譯者有一絲不苟的工作態度，也需要譯者要恪守原著，不能有任何的修飾添刪。生性浪漫不羈、極具個性的傅雷，如何能夠成為一代翻譯大師？筆者拙以為，正是傅雷這種卓爾不群的性格與翻譯界的要求珠聯璧合，衍伸出了專屬傅雷的、獨特的翻譯思想。概括說，這種翻譯思想有兩個組成。

首先是「神似觀」。傅雷在《高老頭》重譯本序言中主張，「以效果而論，翻譯應當像臨畫一樣，所求的不在形似而在神似……」[5]

---

[5] 傅雷，《傅雷譯文集》（第四卷），安徽人民出版社，1982 年。

其實傅雷的翻譯，並非如前輩翻譯家那樣主張「信、達、雅」，而是站在全人類的高度，主張一種將原文的精神思想進行一種詮釋，在這個詮釋的過程與結果中，語言只是表殼，還須要融入譯者自己的思想觀念與文化修養。可以這樣說，他的翻譯在很大程度上所體現的實際上是一種對於原著再創造與再解讀。比如說對於羅曼・羅蘭的《約翰・克里斯多夫》的翻譯，曾被後來者讚譽為「將一部二流的法文作品翻譯為一部一流的中文作品」。傅雷一向反對「拘泥字面，死於句下」的翻譯方式，他主張譯者需要有非常豐富的藝術審美觀與很強的藝術鑒賞能力，而不能逐字逐詞地機械翻譯。在翻譯完巴爾扎克的著作之後，傅雷甚至還自負地稱，「原文冗長迂緩，常令人如入迷宮，我的譯文的確比原文容易讀」。[6]善於創造並肯定自我個性的傅雷在翻譯的過程中發現並強調了譯者的思想，這是非常難得的。

其次就是「自我觀」，學術界也將其稱為「譯者觀」。這種觀點其實是「神似觀」的拓展，也是傅雷獨特個性在翻譯中的體現。學術界認為，翻譯實際上是存在於「政治－語言」這個結構之下的，所謂翻譯，其本質就是語言的政治。不喜歡遵循常規，也不喜歡拘泥刻板但卻熱衷於政治的傅雷，自然能夠在翻譯的過程中尋找到一種「解構－結構」的快感。他的國家意識決定了他是一個中文的熱愛者與捍衛者。在這個層面上，他對於作品的翻譯自然也是從「自我」出發了。所以我們看到傅雷翻譯的《約翰・克里斯多夫》其實我們看到的是傅雷眼中的《約翰・克里斯多夫》。由此可知，傅雷

---

[6] 傅雷，《傅雷書簡》，三聯書店，2001 年。

在譯界的巨大成功，應基本上得益於他的美學造詣與深厚的藝術功底，而並非完全是由語言表達與翻譯技巧的嫻熟而導致的。

三、「和諧」、「博愛」與「人格美」

做事高調但卻做人低調的傅雷，一生著作等身，但基本都是翻譯別人的作品，自己卻鮮撰文藝理論文章。至於大部頭、說教性的理論專著，傅雷終其一生都未曾出版過一部。他的作品中，譯著最多，其次是短小精悍的評論、書信。但是傅雷作為公認的文藝理論家並非是浪得虛名，他的每篇「譯者序」、每一篇評論甚至寫給兒子的《傅雷家書》，寫給友人的書信都是後學者研究、總結其美學思想的重要參照。筆者認為，傅雷的美學思想，大體由這樣一些主要觀點所組成。

首先是「和諧」的觀念。傅雷雖然受西方教育，且人生觀在法國樹立，但他與兒子傅聰的關係始終未能像西方的父子那樣「順其自然」、「多年父子成兄弟」。由此可知，他的骨子裡所鐫刻的卻是傳統的思想。自然，中國文化中的和諧觀念也是傅雷形成其美學思想最重要的因素之一。實際上，他要求藝術的本質就是「人的和諧統一」。他篤信大學的通才教育，並主張「為學最重要就是『通』」[7]，自然他自己就是一個博古通今、學貫中西的文化大師。他認為，藝術的本身就是藝術的主體性。藝術的問題在於對於宏觀世界的把握，以及對主體自身的「肯定」，無論是人，還是藝術，以及存在

---

[7]　傅雷，《傅雷家書》，安徽文藝出版社，1998 年。

於藝術之中的人，他們都是整體與部分的關係，藝術與人是絕對和諧統一的，音樂、美術、文學甚至與自然都是渾然一體的。他在給傅聰的信中說，「我屢屢提醒你，單靠音樂來培養音樂是有很大弊害的……假定你每個月郊遊一次，上美術館一次，恐怕你不僅精神更愉悅，更平衡，便是你的音樂表達也會更豐富，更有生命力，更有新面目出現。」[8]談到藝術與自然的和諧關係時，傅雷又說，「只有不斷與森林、小溪、花木、鳥獸、蟲魚和美術館中的傑作親炙的人，才會永遠保持童心，純潔與美好的理想。」[9]

　　「博愛」是近些年來一些學者對於《傅雷家書》再解讀之後所獲得的定義。傅雷的「博愛」精神其實是在法國形成的。上個世紀二十年代，西方的人文主義剛剛進入中國，白璧德、杜威等人的人文主義思想成為了中國知識份子界最流行的思潮。負笈留洋專修藝術的傅雷不但深受了這種思潮的感染，而且正是這種思潮把他變成了一個不折不扣的人文主義者。他對於兒子、國家、藝術的愛，讓他整個人的人格都沉浸在愛的過程當中。尤其是在《傅雷家書》中對於兒子的教導，甚至還指導兒媳彌拉如何理財，這更是彰顯了作為傅雷身為長輩對於晚輩的一種深厚的博愛。終其傅雷一生，性格雖然狂放的他都沒有與誰結怨，他能夠原諒別人，也能寬宥時代。我們並不排除傅雷在法國受到了基督教的影響，以至於他自己像一個基督教徒一樣來完善自我，超越自我。在傅雷自己的文字中，他是這樣闡述「博愛」的：「藝術家最主要的，除了理智以外，還有

---

[8]　同上。

[9]　同上。

一個『愛』字」、「人是生活在太陽底下的，人接受了陽光的光和熱，
就應把它傳遞給別人。」[10]

對於「人格美」的追求，其實是「和諧」與「博愛」另一層更
為具體化的延伸。對於健全人格的培養，是傅雷一生中對於自己的
要求，也是對於自己兒子的追求。傅雷臨終前寫給傅聰的信中就一
再囑咐，「先為人，次為藝術家，再為音樂家，終為鋼琴家。」[11]這
與他早期形成的人文情懷意識是分不開的。他在給傅聰的信中，四
分之三都是談人格的健全，傅雷始終認為，無論做什麼事情，「人
格」都是第一義的。他是一個典型的完美主義者，他的美育觀至今
仍為教育界所推崇。但是我們若將傅雷的觀點精確化，那麼傅雷美
育觀的核心，不是為了指向某些藝術表演的技能，而是為了塑造一
個健全、整體且和諧統一的「為人」人格美。

四、結語

正如前文所述，傅雷文化觀的形成，實際上是與其在法國所形
成的國家意識與人文情懷所分不開的。他在幼年叛逆激進的性格導
致了他能夠很快地將西方現代思潮灌輸到自己的思想體系當中。如
果我們重新解讀傅雷，就很容易發現他的文化觀實際上是和他早期
所形成的思想意識存在著千絲萬縷的聯繫。

首先作為一個中國人，從他幼年記事起，國家就經歷了辛亥革
命、五四運動，以及其後席捲全國的學潮和北伐戰爭。這一系列帶

---

[10] 唐先凱，〈傅雷熱延燒不停〉，誠品書店，1999 年。
[11] 傅雷，《傅雷家書》，安徽文藝出版社，1998 年。

有資產階級革命性質的運動，讓生活在上海這個大都市的傅雷，不得不深受感染並積極地參與其中。在他的腦海中，並沒有農民革命的局限性，也不存在封建士大夫的那種愚忠思想。他是一個非常典型的新知識份子，他的靈魂是單純的、直率的，沒有經歷過從某種意識形態過渡到另一種意識形態的轉折與嬗變。如果說他早期在教會學校、大同中學鬧事有可能是隨波逐流的話，那麼他後來在法國以及歸國後所做的一切都是基於一種中國公民的「國家意識」。可以這樣說，傅雷之所以走上翻譯的道路，一方面是因為他對於文學的個性所在；一方面，是他作為中文使用者即中國人的一種自豪感。

研究現當代中國學術史，就不得不提傅雷。傅雷是一個幾乎伴隨著二十世紀前半葉相始終的學者。實際上，這五十年是中國思想開始進行現代性轉型的時代。傅雷自己也並未像傳統的士大夫學者那樣，沉湎在辭章、考據中間，而是積極地參加遊行、集會、結社、辦報等活動。就傅雷自己而言，早在一九四七年，他就為儲安平的《觀察》雜誌撰寫政論文章《所謂反美親蘇》、《我們對美蘇關係的態度》等多篇。在處於現代性發軔時期的中國乃至世界，普遍存在著這樣一批學者，比如說中國的張東蓀、羅隆基、聞一多，甚至遠在法國的保羅・薩特。他們既是一流的學者，也是一流的政治活動家。他們在變革思想，改造文藝的過程中，也在醞釀著對於社會的革命。「追尋美」與「塑造人」對於他們來說，實際上就是改良社會的另一種手段。

傅雷是屬於現代性的，他在極端專制的浩劫下憤然投繯，實際上就表明了他對專制社會的不苟同。在他的身上，能夠強烈地覺察到作為中國公民的責任感與自豪感。在建國前，他的時評文章在評

論界本身就有一定的呼聲，建國後作為政協委員的傅雷更是恪守本職，兢兢業業。所撰寫的雜文〈評《春種秋收》〉、〈閒話新年〉等先後刊載在《文匯報》之上，除此之外，他還擔任《第一階段郊區農業生產合作社視察報告》、《政協上海市委安徽省建設事業參觀團第一組總結報告》的總執筆。僅在一九五六年二月至一九五七年七月，傅雷就在《文匯報》、《人民日報》上發表關於整風、知識份子問題與出版界問題等政論雜文共計十五篇，這在當時的雜文界產生了極大的影響。這實際上是他國家意識與公民責任感的一次表現，而政協委員這個身份，則給了他一個表現的舞臺。

後學者研究傅雷，多半從他的文藝理論體系、翻譯經驗與為人處世的思想原則出發，鮮有從現代性這個層面，來詮釋一個真實的傅雷，所以冠之以「性格暴躁者」、「共產主義戰士」、「忠誠於黨的文藝工作者」實際上都是對於傅雷非常片面的誤讀。傅雷其實是一個奉行國家意識之上的愛國者，所以他也要求自己的兒子也必須是一個堅定的愛國者。當他獲知傅聰加入英國國籍的時候，他感覺到非常哀傷，在給傅聰的信中坦言「民族自尊心受到極大傷害，非短時間內所能平復。」從這一點看，傅雷無疑是一個堅定地擁有國家意識的人。

「美」與「人」是西方進入現代性研究的兩大主題，而「國家意識」與「人文情懷」又是西方告別新古典主義、現實主義之後在現代性社會生活中出現的重要思潮。這些在傅雷身上都有著非常強烈的體現。他的社會意識決定了他的文化觀，而他的文化觀又是以大量的譯著、書信這種非常獨特的形式所表示的。如果不結合傅雷的生平、當時中國的時局以及當時世界的社會思潮進行綜合、客觀

地分析評判，我們就很難還原一個相對真實的傅雷。因為傅雷是屬於現代性的生命個體，我們研究傅雷，也自然要把他還原到現代性這個範疇之中。

原文為傅雷誕辰百年國際研討會發言稿

發表於《中華英才》二〇〇八年第九期

文明衝突與和諧溝通

一、東西方文化衝突

界定東方與西方的分野，文化界一直有不同的看法。第一種觀點，認為東方由「遠東」和「近東」組成；第二種觀點，則主張東方應該涵蓋「非歐世界」與「阿拉伯世界」；最後一種觀點，即贊成東方是除了歐美之外其他欠發達的地區。在世界邁入現代化、全球化趨勢之後，第三種看法逐漸成為了學術界的主流。原本單純的地域概念，逐漸被賦予了經濟、政治、宗教、藝術、文化甚至種族的色彩。於是，「東方／西方」二元敘述範式在愛德華‧薩義德的書中被絕對化了，薩義德援引且補充了瓦勒斯坦的觀點，即在晚期資本主義之後，西方成為了世界的內核，而東方則成為了邊緣。

需要指出的是，薩義德在書中並非聲稱是自己的觀點。就對於東西方文化衝突的看法，他直接援引了古希臘劇作家歐里庇德斯的悲劇《酒神的伴侶》與另一位劇作家埃斯庫羅斯的悲劇《波斯人》中的情節，並稱，通過對這兩部戲劇情節的分析，他得出，從古到今，西方人一直在用兩種觀點看待東方──第一，東方是容易被打敗的──《波斯人》中的主要情節就是波斯國王的母親和老臣們在

王宮裡悲戚地等待他們的軍隊被希臘打敗的噩耗；第二，東方是危險的、非理性的──《酒神的伴侶》中的主要情節便是從亞洲回來復仇的酒神狄奧尼索斯用東方的巫術儀式殺死了代表希臘理性的國王。

姑且不說薩義德的援引是否正確，他的觀點是否謬誤。我們需要看到，薩義德為我們打開了關於東西方「文明衝突」研究的另一扇視窗──跨文化研究。我們無從得知薩義德如何預見到了未來世界文化多元化的發展趨勢，但是我們可以看到，後來者亨廷頓將文明、文化的東西方衝突闡述的極為透徹。羅素曾說「不同文明之間的交流過去已經多次證明是類文明發展的里程碑，希臘學習埃及，羅馬借鑒希臘，阿拉伯參照羅馬帝國，中世紀的歐洲又模仿阿拉伯，而文藝復興時期的歐洲則仿效拜占庭國。」

尤其是「九一一」之後，陸續爆發出來的阿富汗戰爭、伊拉克戰爭、朝核問題等一系列國際問題。很清楚可以看到，始終是西方陣營（如基督教世界）與東方陣營（如阿拉伯世界）的一種「文化衝突」。其實，文明衝突的作用，在這些局部衝突、局部戰爭中的作用本身就尤為明顯。雖然多元化、全球化、多極化、非冷戰已經喊了多年，究竟能否實現？我們目前看到的究竟是否真的是多極化？確實，中國人恐怕會回答是安定和平發展的多極化，若是換了伊拉克人、朝鮮人或是阿富汗人，面對同樣的問題，難道也會這樣回答嗎？

奧運會是全世界的盛會，體育競技是拋棄了地域、種族、血統無差別進行競爭的活動。優勝劣汰，公平競爭，全人類的奧林匹克精神在這裡得到了極大的發揚。從文化上看，奧運會的主辦方對於

整場奧運會的文化主導精神，是有著絕對決定權力的。是否把自己的文化立場融入奧運會，是主辦方的權力與主張。而這種主張只有兩種選擇，一種是東方的，一種則是西方的。其實我們站在文化的高度來看，無論中亞，還是東亞，或是北非、拉美等地，實際上仍然是東方世界，而中國，卻成為了東西方文明衝突下的一塊淨土。中國作為世界上最具代表性的東方國家，本次奧運會的舉辦，對於東方文化與西方世界的對話，顯然有著非常好的積極影響作用。

二、奧林匹克精神與「和諧」思想

東方的中國且作為東方文化的重要代表，在東方世界中顯然具備著不可替代的作用。發源於古希臘的奧運會，其奧林匹克精神成為西方精神文化的主導。這種精神貫穿幾千年以來西方人的思維方式，成為了西方諸多世界觀、哲學思想中最具特色，也是最為重要的一根主線。自然而然，也成為了西方思想的濫觴。

本次奧運會在中國舉辦，這是首次將奧運精神和一個純粹意義上的東方國家聯繫到了一起。兩種強勢文化的碰撞，往往意義並不在於文化的輸贏，而是在於在人類學、思想學的高度，去尋找文化中共通之處，從而獲得文化的互認。中國文化與古希臘文化是世界東西方兩大最為古老，也是最具影響力的文化體系。當然，日後所形成的「東方／西方」文化體系與「中國／古希臘」文化體系並沒有直接的絕對關係。但是我們必須看到，就根植於文化體系中本質的世界觀而言，如果追根溯源，其濫觴仍然可以追溯到遙遠的古希臘與古代中國。

歷次奧運會的舉辦，實際上都是從舉辦方的文化立場出發。奧運會所貫穿的奧林匹克公平競技精神，實際上是古希臘哲學家關於藝術、體育與人格的一種詮釋，「那種能把音樂和體育配合得最好，能最為比例適當地把兩者應用到心靈上的人，我們稱他們為最完美和諧的音樂家應該是最適當的，遠比一般僅知和絃彈琴的人為音樂家更適當。」所以學術界普遍認為，「希臘哲學是古代奧運的哲學基礎，而古代奧運在某些方面體現和實踐了希臘哲學」。

正如李約瑟所說，西方文化是站在全人類發展的共性上進行建構的，而這種普世的全人類並非當下的全球化。自然，柏拉圖的理想國也並非我們當下所說的和諧社會。但是兩者卻有相同之處。追求善美、整體美與人的全面發展，是古希臘奧林匹克運動的宗旨。我們清楚地看到，這種哲學思想與中國人的「中庸」、「和諧」思想是不謀而合的。

或許，這就是奧林匹克運動──或是說西方文明與中國文明在精髓上共通的地方，抑或正是因為這個原因，才導致中國文明與西方文明長期以來並非出現大規模的、極端的衝突。中國文化緣何避開了當今文化發展的全球性憂慮？

答案很明顯，中國文明向來相容並蓄的精神，實質上為自身的發展不斷拓開了空間。任何一種民族、一種宗教與一種生活範式在中國都能獲得尊重與理解。這也是為何西方世界高度關注東方文化的原因所在。在愛德華‧薩義德尤其是亨廷頓之後，西方對於東方的概念開始出現了更為細化的區分，即阿拉伯世界、猶太世界、中國世界與東南亞世界等。而後兩者所代表的遠東世界在某種程度上是更為純粹的東方定義。

　　筆者認為，北京奧運會最大的文化價值，就是將純粹的東方的
──中國的和諧精神、包容精神向全世界作一次全面的、綜合的展
示。相比較而言，西方世界明顯更熟悉、更信奉於奧林匹克精神。
而在北京奧運會上對於中國文明展示，則是結構於奧林匹克精神之
上的。

三、中國文化遺產的傳播

　　正如前文所說，北京奧運會的文化價值在於對於中國文化精髓
──和諧精神的傳播。但這種傳播卻是有著自己的方式。常規說
來，文化的傳播一般形式是非物質文化的傳播。有學者認為，「非
物質文化遺產傳播，應依附物質化的流通進行傳播。任何文化，產
品只有參與大流通，才能進行大傳播。」

　　就當下我國文化遺產的問題而言，確實存在著不樂觀的局面。
尤其是可傳播的非物質類文化遺產，作為曲高和寡的國粹，始終未
能獲得相應的社會效應與經濟效應。縱觀世界其他文化生命力的決
定因素，無非做到兩個關鍵的步驟，首先是保護，其次是傳播。而
關於我國文化遺產的保護和傳播，無論是官方還是學術界，在主流
方向上一直都存在著不謀而合的觀點與主張。

　　中國總理溫家寶說：「人類文明只有代代相傳，才能不斷豐富
發展；只有相互交流，才能文物化成。」同時，中國傳媒大學博士
生導師周華斌教授也認為，「從每個城市自身出發，都需要自己的
文化傳承。保護有地域特色的文化藝術形式，一方面是城市樹立形
象的需要，另一方面也是發展文化創意產業的最好方向。」

　　文化遺產尤其是非物質類文化遺產走向市場，是文化遺產的終結；如果不走向市場，曲高和寡又很難回到民間。正如前文所說，文化需要的是傳播，傳播中才不斷提高其生命力，在根本上才能促使文化遺產獲得真正意義上的保護。但是中國的文化遺產卻遇到當下這種進退維谷的局面，出路何在？筆者以為，中國文化遺產「走出去」的意義遠遠要大於「原地打轉」的意義。

　　因為在當下全球化的語境下，中國的文化是東方文化中唯一在全球幾乎暢通無阻而無意識形態、宗教信仰與種族歧視阻礙的文化體系。作為東方文化最重要的支系，中國文化在代表東方文化與非東方文化對話時，確實起著不可替代的作用。尤其是在全球性文化傳播普遍存在焦慮的前提下，北京奧運會責無旁貸地就成為了東西方文化尤其是中國文化與世界文化進行平等對話、溝通，並將中國文化進行有效傳播的一個巨大平臺。

　　從文化的存在形式來看，非物質類文化遺產的存在形式一般有三種：歷史固化的精神態──文本形式；空間遷移的物質態──物化式樣；文化傳承的主體態──意識理念。這三種存在形式決定了中國的非物質類文化遺產實際上就是我們常說的傳統文化。傳統文化的存在形式有多種，所以說，文化的傳播策略相對也是多樣化的。如果站在生命機理、價值作用和社會影響這個角度上，我們可以清楚的看到，就文化自身而言，給定的認識角度和科學定位的不同──傳統文化的發掘模式與出場路徑也就不同。

　　縱觀當下世界的文化衝突，無非是「傳統／現代性」、「本土／世界性」這兩對二元對立的文化衝突。中國的傳統文化確實一開始是立足於本土的，也是傳統的，但是它自身以和諧為本的精髓卻是

相容並蓄的,這就決定了其在意識形態上破解了傳統的本土性敘事策略。北京奧運會自然而然為中國傳統文化進行世界維度內的溝通起了如虎添翼的作用。正如著名學者、北京奧運會組委會藝術顧問季羨林先生所主張的那樣,「當今世界並不太平,到處都是你爭我奪。而中國向來是一個追求和平、和諧的國度,奧運會正是一個展示我們國家和民族偉大形象的機遇。」

四、文化遺產的傳播策略

畢竟,奧運會是體育的盛會,而非一般意義上的國際文化交流周,也不是全世界的文化博覽會。作為從文化層面出發的研究者,只能說我們關注的只是奧運會所攜帶的文化價值。

就北京奧運會而言,這是中國文化遺產首次在奧運會上獲得主動權,中國文化遺產獲得了世界性的展示和亮相。這種展示有別於一般性質文化周、電影節的展示。因為奧運會是目前國際上最高級別的文化體育活動,是屬於國家與國家之間的對話。一方面,奧運會為世界各國在和平發展的大框架下進行無障礙溝通提供了可能;一方面,奧運會仍是一次不可忽視的、展現各國綜合實力的機會。正如前文所說,當下世界的衝突,在很大層面上是文明(或文化)相互之間缺乏必要的溝通與理解而形成的文明衝突。對於東西方文明的衝突,最好的解決辦法就是提供一個平等對話的平臺,進行文化層面的對話。奧運會的平等精神實際上就為這種對話,在本質上起到了一個「平等」的作用,從而將中國傳統文化進行最佳的「重估」。

　　而北京奧運會，則是在一次全民、全球的體育盛會中，將中國傳統文化滲透到了社會生活的各個層面。從傳播精髓上看，北京奧運會的精髓也是中國傳統文化的精髓——和諧，但是如何進行行之有效的和諧溝通？如何才能有效地將傳統文化中的和諧進行全世界範圍內的深度傳播，這便是北京奧運會的具體傳播的策略。從具體的策略上看，北京奧運會與歷屆奧運會有很多的不同之處。筆者認為，「和諧精神」與「中國風格」是本次奧運會在文化傳播策略上最大的特色。無論是獎牌、會徽、火炬的設計，還是宣傳片的製作，以及未來開幕式策劃的主題思想，甚至包括比賽項目的設置，都是帶有非常深入的「和諧精神」。尤其是火炬的設計，更是本著「淵源共生，和諧共融」的審美原則，火炬的接力長跑，命名為「和諧之旅」，至於獎牌的設計，更「和諧地將中國文化與奧林匹克精神結合在一起」。而「中國風格」則是北京奧運會的主導風格。

　　和以往的奧運會不同，以往的歷次奧運會，雖然都有本國的風格與特色，但是總體來說，是以西方文化與現代文明為主導思想的。而本次奧運會，其主導文化是純粹的中國風格，力圖將中國元素添加、滲透到整個奧運會的各個層面之中。中國的文化遺產——戲曲、繪畫、工藝美術與和諧的世界觀等等，都無一例外地滲透到了獎牌、會徽、火炬設計，開幕式、比賽項目的策劃當中，尤其是在比賽專案中，首次添加了中國的武術。這種指導思想，能夠促使每一個感受奧林匹克精神的人，也都真切地感覺到了中國的文化遺產魅力。

　　從全面來綜合分析，北京奧運會的意義遠遠不止奧運會期間短時效應的影響。舉辦一次奧運會，對於一個國家的影響，絕對不是

暫時的。一方面，北京奧運會給全世界打開了一扇如何觀照中國的視窗。如何將「東方熱」、「中國熱」上升到對於中國文化遺產更為全面的瞭解，從而達到真正意義上的「和諧溝通」、「溝通和諧」？

　　一方面，北京奧運會為其他東方國家也做了一個非常優秀的範例。如何依託奧運會這樣一個代表全人類利益的盛會，將本國尤其是東方國家的文化遺產放置在一個較高的交流平臺上進行全球範圍內的推廣，這也是當下文化全球化、多元化進程中一個亟需解決的問題。

原文為二○○七年亞洲傳播論壇發言稿
發表於《世界文化》二○○七年第十期

關於文學

導　論

　　文學作為一種意識形態之上的意識形態，其批評有著更高的要求與內涵，與其他形式的批評不同，文學批評有著更強的針對性、邏輯性與分析性。

　　〈土著文化的現代敘事與民族精神的詩性表達〉從吉狄馬加這位彝族詩人入手，論述了當代語境下「族裔」與「文學」的關係。

　　〈底層敘事一種：鄉村寫實下的「言語解殖」〉則採用了「解殖」這一新理論，審理「底層敘事」的文學價值及其含義。

　　〈「上海想像」與都市文學的歷史敘事〉是關於葛紅兵小說《大都會》的文本分析，主要論述「上海」這一形象的重構及其狀態。

　　〈論電子傳媒中文本的分裂與再生〉從網路文學入手，分析了當代語境下文學標準的變遷。

　　〈我們需要什麼樣的文學評論〉是一篇學術爭鳴論稿，旨在針對當下一些不負責任的文學批評，並提出自己的意見與看法。

土著文化的現代敘事
與民族精神的詩性表達

──吉狄馬加創作思想論

一

　　從傳遞的資訊與包容的思想來看，吉狄馬加所有詩作中最具代表性的作品我認為應該是《想念青春》(《人民文學》，二○○四年七月)，這首短詩具備著當代詩歌少有的語言張力與精神寓意。「我曾經遙望過時間／她就像迷霧中的晨星／閃爍著依稀的光芒／久遠的事物是不是都已被遺忘……這是一個詩人的聖經／在阿赫瑪托娃預言的漫長冬季／我曾為了希望而等待……」作為詩人的吉狄馬加，這裡的敘事實際上只是在進行一種良心的表達，正如在後文中所吶喊的那樣「那個時代詩歌代表著良心／為此我曾大聲地告訴這個世界／──我──是──彝──人！」

　　筆者初讀這首短詩的時候，受到了一種深深的震撼。可以這樣說，在這首沒有玩弄任何形式也沒有堆積各種意象的詩作中，所袒

露的是一個成熟詩人對於他青年時代的深邃反思。「想念青春」在這裡變成了一種能指，青春對於詩人來說實際上是過去一切純真、美好甚至良心的代表。所以與其說詩人在「想念青春」，倒不如說詩人促使自己面對青春，與青春進行著一種迴圈的反思與對話。從大涼山走出的吉狄馬加，其詩作所攜帶的更多因素則是對於民族、歷史與「自我文化」的反思與拷問。即使走到「話語中心」的吉狄馬加，仍然沒有忘記將自己的目光放到「邊緣」的領域當中。值得注意的是，這種目光的投放並非是「邊緣／中心」式的俯視，而是一種帶有敬畏的仰視。吉狄馬加在詩作中想念祖先，想念青春，想念家園，他用自己的激情來追尋自己的文化根基。但是作為一名彝族漢詩作家，吉狄馬加卻常常陷入一種「失語」，用他自己的話說，「因為多少年來，我一直想同自己古老的歷史對話，可是我卻常常成了啞巴」。

　　波德賴爾說，詩人是最容易激動的人，吉狄馬加自然也不例外。在詩作中常常表現出激動情緒並如實記錄的吉狄馬加不自覺地開創了一代詩風。其直白敘事的詩歌風格現在已經被大量後來者所借用。早在上個世紀開始作詩的吉狄馬加明顯是以一位先鋒詩人的身份走進當代中國詩壇。與其同時進入中國詩壇的還有顧城、北島、江河與芒克等一大批詩人。這些詩人所攜帶的風格實際上是和當下的吉狄馬加非常不同的。從思想解放與意識形態啟蒙走出的中國先鋒朦朧詩人，其詩作晦澀難懂早已是文學批評界不爭的事實。尤其是一九八二年以後，中國的藝術家們經歷了開放初期的狂熱，已經逐漸開始走向冷靜，對包括文革在內的許多災難性歷史進行反省，從而試圖找到關於中華民族的某些不解之謎。中國的文化界開

始出現了朦朧詩、「星星美展」等形式革命，在這場下意識或是無意識的意識形態變化過程中，所表達出的實際上是作家、畫家們的一種方法論探索。可以這樣說，吉狄馬加在這場探索中迅速地找到了自己的身份認同與表達方式──彝人的身份，直白敘事的詩歌表達。

值得注意的是，雖然吉狄馬加所使用的方式是直白敘事的詩性表達，但是詩人在這裡運用寫作形式仍然是民歌的。這是與當時直至當下詩歌所流行的創作潮流截然不同。原因在於吉狄馬加的身份是彝人，他做詩的目的並不是悄然自我的淺吟低唱，而是一種直抒胸臆的率性表達。他以一種「表達」的形式直接超越時空，迅速抵達自己心中的聖地桃花源，從而在整個漢文化甚至是世界文化的「文學場」中發出共鳴。可以這樣說，在當下許多少數民族作家中，吉狄馬加是在這方面做的最為優秀的之一。

二

若是單純從民族性來考慮，很多學者都將「彝族詩人」吉狄馬加與南美兩位文學巨匠加西亞‧馬奎斯與聶魯達相比，這種比較儘管是有一定道理的。馬奎斯用《百年孤獨》為現代性轉型的世界社會描摹出了一幅「他者」的異文化空間，而聶魯達則用一種但丁式的語言體系完成了智利文學世界性轉換。但是坦誠地說，這兩個方面都與吉狄馬加沒有太強的可比性。首先，吉狄馬加出場的年代早已不是馬奎斯的那個時代，無論是中國還是世界對於異文化的空間再也沒有一種偷窺的獵奇，再者吉狄馬加創作的目的也並非是讓全

世界關注他者文化的生存境遇；其次，彝族詩歌的語言現代性轉換也並非自吉狄馬加始，因為吉狄馬加自身是一位非常優秀的漢詩作家，其寫作立場並非是「彝族─世界」的直接對話，而是作為一名中國詩人來就其文化根基進行自我的敘事。

因此筆者認為，作為詩人、官員兩重身份的吉狄馬加在詩歌創作上的師承並非只是這些世界語境的敘事者。吉狄馬加自己也承認，「我很榮幸的是，這些詩作的翻譯家和那個國家的讀者，都把我看成是中國一個有著悠久歷史和文化傳統的少數民族──彝族的精神和文化代言人……我以為，從民族這個角度來看，似乎塞弗爾特更具代表性。塞弗爾特的作品我這一生都可以經常讀，一定不會產生厭倦。但是如果要讓我經常去讀昆德拉，大概我很難做到。」

所以說，吉狄馬加在本質上是國家語境下的民族詩人，而不是單純性的民族詩人。詩人必須要具備國家意識也是現代性語境下詩人最具代表性的特徵之一。因為在後現代的時代中，「身份認同危機」成為了困惑藝術生產者最大的命題。詩人們所習慣的表達形式與語法規則隨著全球化開始出現了一種同一。「個體的詩歌究竟該為誰代言」隨之變成了一個巨大的文學質疑，在「構惑」與「祛魅」的過程中，詩人們最終選擇了國家語境下敘事的方式。這個傳統直可上溯到美國南部文藝復興的威廉・福克納、圖特與蘭色姆的創作實踐，以及霍米・巴巴的「國家／文化」敘事理論。但是吉狄馬加仍有所不同，他所生活的時代是中國從封閉逐漸走向開放的時代，與其說是彝族的民族意識還不如說是中華民族的復興意識帶動了吉狄馬加自身的藝術創作氣魄。在這樣一個巨大的時代洪流中，吉

狄馬加的詩性敘事其實在更多時候所攜帶的是讀者們喜聞樂見的中國氣派與中國風格。

作為一名彝族中國公民的吉狄馬加，從大涼山走出的他除了有作為中國公民的自豪感之外，無疑也具備一層彝人的博大情懷。無論是彝族的小環境還是中國的大時代，包括吉狄馬加本人，都處於從傳統向現代過渡的階段中。這是吉狄馬加詩歌中的時間特色。吉狄馬加的詩歌除了形式上不斷獲得探索最終走向成熟之外，其詩作也是緊貼時代背景的。時代的宏大敘事、生命的終極關懷與民族的復興代言構成了吉狄馬加詩作中最鮮明的三個主題特色。從獻給藏羚羊的《敬畏生命》到獻給母校的《想念青春》，以及反思當下生活節奏的哲理詩《自由》，拷問歷史的《獅子山上的思考》，甚至包括他早期的詩歌，實際上都蘊含著非常強烈的時代感。

從空間上看，吉狄馬加自身一直是一個土著文化的敘事者。正如評論家燎原在《世界土著文化體系的當代詩歌發言──吉狄馬加詩歌片論》一文中所闡釋的那樣，當下的世界被區分為以資本和商業擴張為驅動力的「現代文明文化體系」和古老民族傳統和道德價值為內在動力的「土著文化體系」。當然，前者和後者「意外」地生活到了一個全球化、現代化的語境當中。兩種不同的文化體系都被迫放置到了一個平臺上進行交流與對話。就晚期資本主義、後工業化與精神荒漠化對於人類的異化而言，兩種不同文化體系出現了相同的批判態度。無論是卡夫卡在《變形記》中意圖表達的現代性荒謬還是艾略特對於人類「荒原」化所表達出來的困惑不安，實際上這都是意圖在淺層邏輯上去揭示人類社會「異化」的問題所在。但代表土著文化的馬奎斯、略薩與赫利等一大批作家則在貌似平和冷靜的

敘事中以一種主動的方式來反思當代社會諸問題——無疑後者更能從深層次的邏輯與文化人類學的高度來挖掘人類心靈中的暗傷。

　　吉狄馬加就是一位土著文化的當代優秀代言人。黑夜、火把、占卜者、祖先、母語與靈魂等特殊的意象共同構成了吉狄馬加詩作的思想觀念與藝術表達。一方面，他意圖用「本土」的文學理念向世界表達一種民族自豪感並獲得同質文化的回音；一方面，他利用自身所攜帶強烈的本土意識，以詩歌為傳播形式，向全世界「他者」的受眾傳遞了自己的民族精神與文化觀念。

三

　　語言是作家風格構成的重要因素。如同別林斯基所強調的那樣，風格是「形式與內容的有機的相互適合，用思想實質本身所要求的那個詞、那個語句來表達思想的技巧」。吉狄馬加的詩歌語言無疑也是極具特色的。作為一名彝族作家，他所堅守的詩歌陣地實際上也就是他的民族文化陣地，在這個陣地上他所做出的一切努力，都是為了完成其民族文化的現代性敘事。吉狄馬加試圖通過自己的詩歌，將自己的民族、文化用大家所能熟知的漢語表達出來，從而變成世界性的文化符號。在這裡，漢語的形式與彝族文化的內容有機地結合到了一起，這就是吉狄馬加詩歌創作的典型風格。

　　正如前文所述，「土著文化／現代敘事」構成了吉狄馬加詩歌內容的重要框架。在這個二元對話的框架下，吉狄馬加一直在用自己的行動來捍衛文化的多元化。他在詩歌《致他們》中如是表達：「為此／我們熱愛這個地球上的／每一個生命／就如同我們尊重

137

／這個世界萬物的差異／因為我始終相信／一滴晨露的晶瑩和光輝／並不比一條大河的美麗遜色。」

在這樣的詩性表達中，作為彝人的吉狄馬加對於土著文化在全球化語境下令人憂患的生存狀態有著發自內心的擔憂。吉狄馬加自己如是陳述自己成為一名詩人的原因，「我寫詩，因為我的父親是彝族，我的母親也是彝族，他們都是神人支呷阿魯的子孫……我寫詩，是為了表達自己真實的感情與心靈的感受，我發現有一種神秘的力量在感召著我。」說到底，吉狄馬加對於自己雙重身份的圖解一直是清晰的，首先，是一名中國公民（嚴格地說是一名中國政府的公務員），其次，是一位彝族詩人。前者是政治身份而後者是文化身份。在這樣雙重身份背景下，吉狄馬加對於其文化根基的追問與憂患顯然是站在「國家／世界」這個對話平臺之上的，而非狹隘的民族主義情結。海南大學教授李鴻然也認為吉狄馬加是「今日中國詩壇上為數不多的一位具有世界眼光並注重與世界對話的詩人」。站在文化人類學的高度來反思全人類民族性的吉狄馬加，可以說是中國乃至世界文壇上極具人道主義的一位代表。

無疑，站在這樣高的一個層面來進行詩性表達，是有著相當難度的。評論界對於吉狄馬加作品的評論多半傾向於兩種態度，一種認為吉狄馬加的詩歌表達的是一種人道主義與人文情懷，尤其是在當下多元化的文化下，如何促使少數民族共同繁榮從而共同融入全球化的世界構成了少數民族文學的道德責任與社會道義；另一種認為吉狄馬加的詩歌傳遞的是一種土著文化精神，即古老的民族傳統，深厚的道德價值觀構成的一種近似神秘的鄉土文化體系。尤其在當下旅遊業發達，人類反思道德正義的時代，彝族人的生存狀態

與生活方式成為了許多人意圖去窺探、瞭解甚至感受的一種獵奇。但筆者看來,吉狄馬加的詩作遠遠不止在傳遞某種價值觀或是某種文化,而是從民族精神這個高度,來進行詩性的敘事與自我的表達。

正如米蘭昆德拉所說,小說家的精神是複雜的精神,詩人也不例外。吉狄馬加意圖表現的民族精神也是一種複雜的精神。在《獻給一九八七》一詩中,他如是陳述「那無與倫比的美麗,如同／一支箭簇,在瞬間穿過了／我們民族不朽靈魂的門扉」,而在另一首《我愛她們……》則從表達出了對於「民族」這個名詞的深層次感悟與界定,「她們高貴的風度和氣質／來自於我們古老文明的精華／她們不同凡響的美麗和莊重／凝聚了我們偉大民族的光輝」。

在詩作中,吉狄馬加面對民族的深層文化與精神氣質是如此地自豪與陶醉,這無疑彰顯了詩人最真實、最偉岸的一面。他用對自己文化根基的熱忱,表達出自己對於民族精神的熱愛。作為詩人的吉狄馬加更像一個激情澎湃的青年,盡情地凸顯自己真實的一面。正在這種自覺與不自覺中,逐漸凝練了獨有的吉狄馬加式詩歌風格——直白敘事、率性表達的詩性民族精神。

四

尼采在《悲劇的誕生》中定義,詩是現實不加粉飾的表現。中國古代文學理論對於詩歌創作也有著較為明確的定義,「言之有物」、「我手寫我口」、「言為心之聲」成為了近體詩創作的一系列重要標準。深受漢族文化薰陶,但又帶有強烈的本土文化意識的彝族

詩人吉狄馬加，也在不斷用自己的詩歌創作來完善自己的理念與精神。

筆者認為，在詩創中直白敘事、率性表達的吉狄馬加在創作思想上凸顯了三重的重要因素。正是這三重重要因素，構成了吉狄馬加詩歌創作思想中獨有的一道文化景觀。作為文學評論來說，對於吉狄馬加的考慮並不必去以某種既成的文學現象作為參照，也不必將其與某些不同語種、不同文化環境的作家相比較。就世界詩壇與中國文壇來說，吉狄馬加自身就是一種極具文化含量與文學價值的文化現象——所以無論是從文本出發還是從其自身文學觀出發，吉狄馬加的詩歌創作思想都是非常具備啟發性與思考價值的。筆者將從如下三點出發，綜合評論吉狄馬加的詩歌創作思想。

首先，吉狄馬加是真實的詩人。吉狄馬加為土著文化代言並將土著文化與現代敘事相聯繫，形成自己獨到的詩歌創作體系，這是吉狄馬加最為真實的一面。除此之外，其真實還體現在對於後來作家的啟發價值與思考意義。可以說，吉狄馬加之前是沒有吉狄馬加的，但是在吉狄馬加之後卻出現了無數的吉狄馬加。自上個世紀八十年代末以來，相當多的少數民族詩人開始嘗試用「自我」的心境與民族精神來面對「他者」進行描述。值得注意的是，這種詩風在本世紀初不自覺地影響到了海外華人的詩歌，並創作出了大量膾炙人口的詩篇。

其次，吉狄馬加是偉大的詩人，其偉大之處在於在「世界性」命題下的開放性與包容性。可以這樣說，相當多的土著詩人是抵觸甚至仇恨現代社會的，至於全球化的命題，更是令他們厭惡萬分。即使是馬奎斯與聶魯達，也並不例外。但是作為漢語詩人的吉狄馬

加，卻果斷地站在了世界文壇的前面，用自己的詩歌與世界文壇交流對話，彝族文化體系與漢語的珠聯璧合，在吉狄馬加的詩歌中體現的淋漓盡致。無疑，在「異文化」與「世界文化」的碰撞下，吉狄馬加的詩歌獲得了世界性的反響與認可，這也為中國作家如何走向世界鋪墊了一條可資借鑒的道路。

最後，作為詩人的吉狄馬加是非常值得敬畏的。敬畏之處在於他對於環境、原生態的一種崇敬與神聖感，說到底是其深厚的人本情懷與人道主義精神。在他的筆下，一切有生命的東西都是值得尊敬，值得去為之大寫特寫的。在當下中國文壇，像吉狄馬加這樣令人敬畏的作家還有以神農架題材聞名中國文壇的陳應松、以礦工生存境遇為題材的劉慶邦等等。他們的偉大之處在於他們能用自己極具風格與魅力的筆調，為我們共生的環境與世界進行著一種終極關懷的人生探討與生命反思，筆者認為，這也是對於後來作家最大的寫作啟示與創作財富。

原文發表於《雪蓮》二〇〇八年第三期

底層敘事一種：
鄉村寫實下的「言語解殖」

──陳應松小說藝術論

一

　　如果從小說的意義與本質上來看，最具陳應松創作特色的作品應是其中篇小說《望糧山》（《上海文學》二〇〇三年第六期）。這部小說所表述的最大內容就是鄉村在城市化的過程中所產生的種種矛盾，以及對於鄉村苦難、沉重的敘事表達。鄉村在陳應松的筆下，成為了一個永恆的話題──即鄉村敘事究竟是何種敘事形式，在普遍趨向於全球化、現代性，意識形態與資本不斷進行解域化流動的當下，鄉村敘事的意義，又在於什麼？

　　陳應松用他的小說為我們讀解這層意義提供了一條路徑。在陳應松之前，大多數作家對於鄉村的敘事所採取的態度是「他者」的，即眼光與視角並不從鄉村出發。至於對文本中的紀事，他們更熱衷

於以一種獵奇的態度去觀望、審視，而未能與鄉村融為一體，構成一種合二為一的敘事形式。

《歸來‧人瑞》是一部極具個性但又意味非常的中篇小說，這部小說由看似毫無關係的兩個短篇組成，但是卻貫穿著同一個主題：現代生活對於原生態的異變。《歸來》以神農架農民工喜旺的死為開篇，描述了村裡男女老少對於這件事情的看法以及各種舉動。村裡的各種「嚼舌根子」都為個人私欲，或自己企圖，最後以喜旺媳婦的離家出走作為代價，故事方才得以收場。而《人瑞》則是一個對話體小說，對話的環境是大都市北京，對話者是「我」與神農架老縣長的兒子，老壽星「人瑞」作為對話的核心貫穿小說始終，成為了一個不出場的主人公。「人瑞」在原生態的環境中，活到百歲高齡，待到城市化、旅遊開發之後，過濾嘴香煙、腦白金與「AD奶」開始半強迫半自願地進入到了「人瑞」的生活，最後人瑞竟死於現代化的環境之中。

彷彿陳應松的小說一直都在述說著一個相同的主題，即神農架與現代性社會的對話。神農架的原生態成為了一種「言語」，而現代性社會的遊戲規則、倫理道德似乎變成了一種「語言」，兩者在對話的過程中呈現出了一種矛盾與不融合。在這個衝突的過程中，構成了陳應松小說具體的敘事內涵。

和大多數作家不同，作為城市人的陳應松有過神農架的鄉村生活體驗，從傳播學上看，這構成了他作為敘事者與神農架之間的一種特殊關係──既是對話者，也是參與者。一方面，他努力去描述神農架中所看到的一切，並以文學的形式描述他的體驗與觀察，努力讓文學與生活回歸到真實的統一，另一方面，他並不滿足於做一個敘事者，

他更願意將自己當作神農架的一部分,代表神農架與現代社會進行對話,努力去消解「言語」與「語言」之間的內在邏輯衝突。

這類寫作形式在當代中國並不多見。雖然鄉村題材一直是中國作家所關注的視野,從魯迅、臺靜農、王魯彥到後來的趙樹理、浩然以及當代的閻連科、畢飛宇等等。他們雖然努力營造了現當代文學史中的鄉村形態,並塑造出了一批有代表性、典型性的鄉村人物形象,但是他們並未能以參與者的身份,去表達自己的鄉村體驗。譬如魯迅筆下的「未莊」,魯迅並非在陳述其生活體驗,而是去結構一個他認為的敘事王國,進而加以分析、審理;再比如說趙樹理、周立波等作家描述的鄉村生活形式,其身份並不是參與者,而是觀察者、敘事者,他們努力將筆下的村莊歸納到社會大背景之中去,甚至可以這樣說,他們更願意居高臨下地、作為一個大背景的代言人,來規勸他們筆下的村莊進入到社會的大背景當中。至於當下一批以農村題材聞名的作家,他們更傾向於在藝術形式與寫作立場上向西方的藝術形式靠近,在他們筆下,農村題材變成了一種現實而非寫實──甚至超現實的表達形式,而不是一種可供對話的敘事個體。

從這點看,陳應松的小說敘事具備著前人甚至同時代作家不具備的文學精神。即敏銳地發覺了一種矛盾並將這種矛盾文學化,那麼具體來說,這種矛盾又是何種形式的矛盾呢?

二

歷史學家亨廷頓曾認為,目前世界上一切的衝突,都是文化的衝突而引起。他所稱的文化衝突,即湯因比所說的東西方文化的衝

突。在全球化的進程中，意識形態伴隨著資本解域化流動而趨向於全球化流動，世界文學無限地向世界銀行文學靠攏。在這樣的語境下，描寫東西方意識形態衝突的作品，就自然地具備了全人類的普適價值。

這樣一種寫作風潮迄今為止在東西方文學界都一直存在，並且還將會在很長時間記憶體在。值得注意的是，他們的身份也都是多元化的——東方人，生長在西方，譬如說以《幽暗國度》聞名世界的奈保爾、以《追風箏的人》【編者按：臺譯《追風箏的孩子》】暢銷全球的卡納德·胡塞尼。可以這樣說，骨子裡的「尋根意識」讓他們比別人變得更加自卑、敏銳，對於生活的態度也與別人有著很大的不同。但是，隨著意識形態的全球化蔓延，合作、和諧成為了人們所追求的永恆性目標，而不再是批判地去尋找、否定各種衝突與問題——無論這些問題存在與否。

就目前的寫作狀況而言，大多數作家所熱衷的仍然是去尋求一種文化衝突並試圖將其化解，無論東西方，都存在這一問題。一方面，作為敘事者，作家的目的是在積極地去尋找文化衝突，並將其客觀化、文學化，一方面，作為觀察者，作家仍試圖讓自己與這個時代對話，但是對話的前提是立場的選擇——即如何去對自己的「言語」進行定位。

陳應松自己也承認，「作家的立場塑造作家」。他認為，作家不能單靠回憶寫作，要積極、主動地去體驗生活，為自己的敘事去尋找一種立場。那麼什麼又是陳應松的敘事立場呢？若是對陳應松敘事立場進行研究，又有哪些值得去探求、切入的出發點呢？

　　筆者認為，陳應松的「寫實」應作為不可避讓的一大觀照之處，這是陳應松小說創作中最大的特點，也是其小說存在生命力、敘事張力得以保持的基本前提。寫實看似容易，但對於大多數小說家們來說並非易事。因為相對於扭曲、變形、誇張與虛幻來說，作為寫作立場的前提的寫實，需要作家更加地去靠近、深入到生活的本質當中。

　　在小說《太平狗》中，陳應松塑造了「太平」這樣一個狗的角色，太平不離不棄，一路跟隨主人農民工程大種進城謀生，但在城市的「異化」中，動物的求生本能促使程大種與太平都出現了心理上的變化，狗喪失了淳樸的狗性，人喪失了單純的人性，人與狗的關係也變得微妙起來。最後程大種客死異鄉，太平一路流浪回家報喪，故事畫上一個所謂的句號。

　　《太平狗》的意義就在於寫實，並且是大寫實，作者這個時候已經完全融入到自己所營造的語境當中。只不過陳應松的寫實是「鄉村寫實」——無論文本的產生語境為何處，最後所落到的必定是「鄉村」這個大的文化語境當中。陳應松關注的是鄉村生存狀態，寫實的觸點仍然也是鄉村。陳應松嘗試著與自己創造出來的語境進行寫實的對話，而自己的敘事身份（或曰敘事立場）則是「鄉村」的代言人。

　　若是從其敘事立場的形成來看，筆者認為，陳應松關注的是一種「解域化」的社會形態。即資本、意識形態在一個國家內的解域化流動，即斯皮瓦克所說的「文化分層」（Hierarchical culture），她認為，所謂「底層民眾（社會）」，只是相對於「上層社會」而說的，這個詞本身就是「上層社會」的產物，要想真正地為底層民眾代言，那麼只

能顛覆這樣二元對立的話語模式進行對話。當意識形態隨著資本進行解域化流動時，不同社會層次的文化其敘事立場也各不相同[1]。

可以這樣說，在城市中生活數十年的陳應松對於城市生活有著先天而來的體驗與敏感，城市對於鄉村的侵蝕、異化早已深入到其內心當中，陳應松比常人更敏銳，他的鄉村體驗其目的就是為了擺脫城市人對於鄉村先天而來的隔閡，從內心的意識形態上瓦解掉「城鄉」的兩元對立，力圖站在鄉村生活的本質進行敘事。

但是陳應松並不是站在解域化流動的反面。在小說《星空下的火車》中，神農架少年姜隊伍懷揣美好的夢想，進城尋找他的姐姐姜小燕，但等到進城之後，才得知他的姐姐早已被拐賣。「火車」是從城市文化與鄉村文化邊緣過渡的一個「場域」，在這個場域中，原本的兩重語境被融入到一個可以對話的語境當中。

陳應松所力圖構建的敘事立場，實際上是對於鄉村語境的一種「擠壓」，即小說中代表鄉村語境的主人公——無論是人還是動物，最終的結果不是死就是衰敗。這不是陳應松想要的結果，但是陳應松就要表達這種客觀存在的真實。他利用對於鄉村語境的「擠壓」，目的是為了釋放更多的敘事空間給其相對的城市語境。全球化不可避免、城市化、工業化是大趨勢，面對鄉村發生的異變，陳應松只是希望把這些深入到人性的思維表達出來，傳承下來，而非

---

[1]　「解殖」作為一個新的概念，主要指向於西方殖民主義者與被殖民者之間的關係，但是「去中心化」同樣也適應於中華人民共和國內部體制的各種關係，譬如語言中普通話對方言的擠壓，同樣，這個理論也適應於當代版圖中城市對於鄉村的侵佔，如土地侵佔、意識形態進入與文化資本的爭奪等等。

刻意去與全球化、解域流動相抗衡，我想，這應該是其小說敘事立
場的關鍵所在。

三

　　J・希利斯・米勒在《解讀敘事》一書中有一段與熱拉爾・熱
奈特的對話，他與熱奈特一致認為，小說最本質的意義，除了在於
修辭、語法、結構之外，更在於文本之後所「隱藏的東西」，即熱
奈特所稱建構於「敘事話語」上的「表達方法」。米勒認為，對於
一部小說的解讀，往往把這種「表達方法」釐清之後，其文學精神、
敘事立場與指向內涵也就都不言而喻了。而這種表達方法往往卻是
作者無意識流露出來的[2]。

　　那麼，陳應松的小說究竟以哪種形式完成其「表達方法」的呢？
作為一名小說家的陳應松，從文本研究出發，他當然是一名敘事者
──而且是一名非常成功的敘事者。他嘗試著以講故事的形式，來
完成自己意識形態的文學化傳遞。但是，作為敘事者的他，一方面
以「言語」的形式表達自我，一方面將文本生成，並使其形成一種
可供閱讀、對話的「語言」。文本一旦生成，那麼其意義就不只是
作者創作過程中的「呢喃細語」，而是融合各種反應、各種聲音的
「群言雜語」。就當下而言，陳應松的作品已經受到了相應的關注，
每年都有評論、碩博論文做其作品的專門研究，從這點來說，意圖
釐清陳應松的表達方法，必須要突破這些研究的範式，深入到其文
學作品的本質當中去。

---

[2]　米勒，《解讀敘事》，申丹譯，北京大學出版社。2002 年。

就當下的批評界而言，對於陳應松作品的解讀，往往從如下三個方面來進行批評詮釋，筆者以為，這些批評詮釋都或多或少地為其作品產生了「遮蔽」的作用，意圖深入到文本本質進行批評，那麼最重要的手段就是利用「祛魅」這種批評方式，去探尋這些批評對於文本的合法性價值。

首先，大多數評論家認為陳應松的作品是「鄉土作家」，王曉明、昌切等學者都持這種觀點，部分學者更是認同陳應松的小說實際上是周立波、趙樹理等人文學精神的現代性賡續。筆者認為，陳應松寫鄉土，但是其著眼點、落腳點與文學意義並不只是在鄉土，或者說，陳應松筆下的鄉土敘事，是他意圖去「代言」的寫作立場，而不是與其對話的描寫對象。這是陳應松與之前鄉土作家最大的區別。如果說之前的鄉土作家是書寫一部鄉土歷史的話，那麼陳應松的意義應該在於是重構甚至虛擬出一部屬於他的鄉土歷史，並將其文學化。

小說家的「身份」問題構成了現代乃至後現代研究者對於小說家進行研究批評的一個重要出發點。以其短篇小說《狂犬事件》為例，陳應松著力構造了一起鄉村的疫情——狂犬進村，咬傷人畜，導致瘟疫蔓延。驚惶不安的村民緊急地像鄉政府求救——代表另一層敘事語境即「城市語境」的鄉政府，但是鄉政府所關心的卻是上訪事件等其他事情。兩重視角構成了事情發展的矛盾，故事的情節便在多重矛盾所組成的語境中展開。而陳應松既非「鄉土語境」的代言人，更非「城市語境」的代言人，而是以一個平靜的敘事者的身份進行敘事。在敘事的過程中，作為敘事者的陳應松更關注甚至

著力於故事的情節，藝術的構造，從而挖掘出更為深刻的人性因素，而非刻意為了底層敘事而底層敘事。

「批判精神」是近年來對陳應松作品所賦予的另一層話語。魏冬峰在〈一幅慘烈的圖景──關於《馬嘶嶺血案》〉一文中，認同陳應松的小說存在著三重的隱喻文本：社會、文學與經濟，其目的在於對於「貧富差距」的批判。將小說賦予政治、社會內涵加以批評，早已有之，但是陳應松的小說是否以「批判精神」而取勝，筆者認為還有待商榷。

「批判」實際上是文學理論中一個帶有特殊能指的專有名詞，但經國內文論界近年來的反復濫用，早已喪失了其應有的內涵。最早的「批判」指的是對於文化工業的批判，其濫觴應從尼采在〈瓦格納在拜羅伊特〉一文中對自身所處的現代文化、重商主義與大眾傳媒的批判。緊隨其後的阿都諾、本雅明與湯普森都先後提出了自己對於文化工業的批判理論，形成影響東西方的法蘭克福學派與文化研究學派。若是以陳應松小說中部分寫實的內容，進而推斷他以小說的形式批判社會的不公正與工業時代文化的墮落，這難免顯得有些牽強。

馬克思在《一八四四年經濟學哲學手稿》中提到了「異化」（alienation）這一概念，即認為在形成「世界文學」的資本、意識形態全球化解域流動過程中，人會因為產品、資本甚至他者產生一種異變。筆者認為，陳應松的小說，實質上是強調「人性」的，無論農村人、城市人，還是禽獸，都存在著帶有人性意味的生命終極關懷，而這些原本「向善」的人性最後都或多或少受到了城市化的影響、異變。這便是陳應松所熱衷於去觀照的。

　　說到底，陳應松的作品實際上是描摹一種人性，儘管他以鄉村為題材，但是他仍然把視線拓寬到了具有全人類普世意義的「人性」當中，他意圖以「神農架」題材為一種範式，窺探當代人的精神狀況，拷問生命的終極價值，從而揭示人性、反思人性。筆者認為，這才是陳應松作品的本質所在。

四

　　正如前文所述，就陳應松作品而言，評論界聲音不一、各執一詞。「底層敘事」成為了關於陳應松作品評論的另一大潮流。如李雲雷、李更對陳應松的專訪便將「底層敘事」作為一個醒目的標題，批評家羅勳章在〈《八里荒軼事》的底層敘事及陳應松的困局〉一文中，則標新立異地稱「小說敘事法度的某些缺憾也顯現出作者創作模式的疲憊與困局」，另一位評論家李建軍也認同陳應松的作品是一種「底層寫作」。同時，陳應松自己也承認，「近年來最好的小說幾乎全是寫底層的」。但自己又稱，「好像這些作家只沾了題材的光，沾了道德的光。我被弄進『底層敘事』，倒把我藝術追求的更豐富的東西遮蔽了。」

　　那麼，意圖揭示人性、反思人性的「神農架小說系列」，與「底層敘事」產生了一種何樣的關係？

　　巴雷克（Bhikhu Parekh）認為，當文學批評呈現出文化研究的傾向時，源於後殖民主義的定義「解殖」（decolonialism）成為了文學批評的一個重要概念。「解殖」實際上是「去中心化」或「去邏各斯主義」的一種具體形態。「殖民」不止是宗主國與殖民地之間

的文化、經濟與政治的統治關係，更是泛指意識形態中，不同意識形態的統治者、代言人統治代言的無限權力，以及其設置的獨斷決定論。就國與國之間來說，存在著資本與意識形態的解域化流動，在一國之間，意識形態也會隨著資本進行解域化流動，當較弱的一方希望做出抗衡或是表示出不苟同、不妥協時，自然就形成一種「語言的矛盾」，即言語的「解殖性」訴求。

就當下中國而言，城鄉一體化、城鎮化是農村發展的大趨勢，對於農村經濟建設、改善農民生活水平是大有好處的。但不容忽視的是，城市文化對於鄉村文化、原生態文化市場的「解域化侵佔」，已經構成了一種巴雷克所稱的「意識形態的中心化」，即流行音樂、服飾、電影、品牌甚至一夜情與大眾文化對鄉土意識形態領域的「侵佔」，導致鄉土文學也開始逐漸以小城鎮建設、村民進城打工、城市化的進程為描寫對象。在這樣一個「鄉土語言」失范甚至被解構的過程中，矛盾隨之出現了。

筆者曾在二〇〇四年談到陳應松的「神農架題材」，試圖以高行健的小說為切入點，對陳應松作品進行互相影響的比較性研究，但陳應松自己卻承認，他寫神農架的時候「《靈山》還沒有出來」；後來作者也試圖在勒‧克萊齊奧「底層探索」的作品中做陳應松作品的影響性研究。但結論是：在陳應松的「神農架題材」中，並不存在著這兩位諾貝爾獎得主的影子或是有任何的可資比較之處——因為陳應松的作品比這兩者高明，陳應松的敘事姿態，是「匍匐於底層」的，而不是「高於底層」的，他試圖構建一種新的、源於底層的語言規範，而不是服從於某種霸權的、既成的語言規範的制約。

　　說到這裡，陳應松的小說還有一個值得強調特點，這恰是當下評論界所忽略的，即他小說中的方言運用——尤其是鄂西方言、武漢方言在小說中的使用。儘管這明顯會影響小說的傳播維度，並不能像其他小說那樣沒有語言的隔膜，但這卻是陳應松寫作立場的另一種彰顯，即「言語」意識的明確。陳應松想利用自己小說的「言語」，來反襯（而非抗衡）現代文化、都市文化對鄉土文化的「殖民」，從而起到一種斯皮瓦克所說的「言語解殖」（parole-decolonialism）。譬如卡夫卡在小說敘事中所力圖使用的「猶太語與德語的混合語」，目的在於顯示自己獨特的文化立場。

　　語言的文化立場，在當下早已不言而喻。陳應松的「言語解殖」，實質在試圖做到真正的「底層敘事」。因為「底層」本身是與「高層」相對的，要想做到為底層代言、鄉村寫實，那麼就要為自己的敘事立場而「祛魅」——即不能為了寫底層而去接觸底層、俯視底層。陳應松是熱愛寫實的作家，亦是有著深切人文關懷的小說家。他的「底層敘事」與其他作家是不同的，他有著別人沒有的生活實踐與敏銳洞察力，更有著一種「代言」的責任心，讓這種敘事成為了一種真正意義上的「言說」——雖然只是一己之聲的「語言」，但遠比一些打著「底層敘事」的幌子，居高臨下地與底層進行「對話」的作家要好得多。

原文發表於《遵義師範學院學報》二〇〇九年第四期

我們需要什麼樣的文學評論？

——兼就「兩韓之爭」談文學評論的終極價值與道德底線

　　克羅齊認為，文學評論的終極價值在於對於真理的接近性。杜夫海納說，一個有價值的、有基本道德的文學評論家，應該恪守的道德底線就是「不傷害，不擺姿態，不虛偽」。這應該是文學評論的最基本兩個要素。但是面對當下文學評論的惡俗化、庸俗化甚至媚俗化，筆者將從自身經歷的「兩韓之爭」入手，在學理的層面上仔細分析這類功利評論對於圖書出版界的特別危害，以及如何解決這種問題的方法。

一、事件緣起

　　江西師範學院教授韓春萌先生與我曾於去年的三月至八月在《江西教育學院學報》、《社會科學論壇》兩家學術刊物進行傳記文學作品的討論，即當下出版界形成的「傳記文學熱」是應以「導向性」為主，還是應以「文學性」為主。國內人文社科類權威學術期

刊《人大複印資料》將我們的爭論分別予以了轉載，並在國內文學評論界引起了一定的影響，稱之為「兩韓之爭」。就在拙文被轉載的兩個月後，韓春萌先生再次在《江西教育學院學報》上撰〈兼論傳記文學的分類及其文體特徵〉一文，令筆者沒有想到的是，〈兼〉文不但迴避筆者之前的學術質疑，在全文中未能很好的擺正姿態，帶有個人情緒進行說理批評，筆者個人認為，這是不合適的。

我必須指出的是，韓春萌先生在學理上的錯訛之處在於他所使用的評判標準與話語體系並不是當下文論界通適的，而是嚴格按照馬爾庫塞對於蘇式馬克思主義的美學思想來分析的，馬爾庫塞認為，藝術品的正統，是「指那種從占統治地位的生產關係的總體出發，去解釋一件藝術作品性質與真實性」，這種思想在一九七六年以前的中國，從話語體系到思想結構上不斷地極端化後來終於因為思想大解放而遭到質疑與否定。我指出的是韓春萌先生這樣一種不合時宜的話語批評，目的是希望韓春萌先生能夠在文學批評上保持一種客觀的、學理上的姿態。但是韓春萌先生其後所撰寫的回應文章，拋棄了學理邏輯，一改嚴肅的學術爭鳴，開始用一種非學術性的話語系統與我進行對話，甚至還出現了對作者作品的誤評、攻擊，筆者覺得，這是不恰當的。對此，我只有期望能夠用我的觀點與學理性的分析，把「兩韓之爭」繼續拉回學術爭鳴的嚴肅軌道上來。

在本文中，筆者釐清了關於文學評論的三條關鍵脈絡：首先，我們需要什麼樣的文學評論？其次，什麼是一場文學評論的終極價值？最後，作為評論家的道德底線又應該是什麼？

二、兩韓之爭：從文學評論到人身攻擊

車爾尼雪夫斯基主張，批評如果要名副其實成為批評，它就應該更嚴格些，認真些。文學評論似乎和文學創作本身就是一對孿生兄弟，並且文學評論所出現的時間也不比文學創作要晚很多。蘇珊朗格說，「當出現作者時，便出現了閱讀者，閱讀者會在閱讀完畢後產生自己的想法，於是文學評論就誕生了」。

對於文學評論的定義，一向眾說紛紜。學界普遍認為，文學評論是一種以作家、作品、文學創作和文學思潮作為評論對象的理論文體，是對文學領域中的各種現象進行分析、研究、評價的文章。寫作者通過寫作評論，表達自己對該作品美學價值的認識和評價，啟發和幫助讀者提高欣賞水平，對作品的作者提出正確而有益的批評和建議。文學評論的對象是文學作品（小說、詩歌、散文、戲劇、繪畫、影視等）；評論的目的是通過對其思想內容，創作風格，藝術特點等方面議論、評價，提高閱讀，鑒賞水平，評論時當然可以旁徵博引，引用各種材料論證，但這旁徵博引的各種材料，應是與文學作品有關的，而文學評論所用的材料基本上是來自所評文學作品本身。

通過這個定義我們知道，文學評論的前提就是建立在具體的作品之上的，尤其是文學評論的針對對象是「文學作品」，而非作家的個人經歷，也非其他與被評論作品無干的任何資訊。但在韓春萌先生的〈兼〉文中，筆者始終沒有看出韓春萌先生對於筆者前一篇文章所提觀點的質疑或反駁，雖然韓先生所聲稱的是「與韓晗先生

商榷」，並且在文章的開頭提到了筆者的前一篇文章〈略論傳記文學創作的幾點要素〉，但是韓先生始終沒有能夠從學理上針對筆者前文所提到的問題予以反駁，筆者在〈略〉文中主張：首先，傳記文學應該首先堅持文學性；其次，傳記文學必須要面對歷史，直面公正；再次，歷史人物的傳記文學在堅持公正性的同時，為了保證文學性與可讀性，且在無法復原歷史的條件下，可以在部分情節上予以文學加工，使典型人物更加典型化；最後，筆者指出了韓春萌先生在認識上的兩個誤區——第一，某些歷史文學作品，根本在元素上構不成傳記文學的特徵，只能算是歷史小說，所以就不能按照傳記文學的評判標準與批評尺度進行批評；第二，傳記文學不是貼金樹碑，對於正面人物與反面人物，都要客觀進行書寫，這也是歷史唯物主義的基本要求。這篇文章經《人大複印資料‧現當代文學卷》轉載後，中國社會科學院原副院長、著名學者劉吉先生曾致信筆者，稱讚這篇文章「觀點清晰，立意明確，是一篇好文章」。

綜上所述，這篇文章的實質就是針對韓春萌先生的第一篇文章〈價值取向與當前傳記文學創作危機〉而進行分析的，這些也是韓春萌先生在其大作中所沒有考慮到或是意見相左的。出於學術探討的考慮，筆者主動在〈略〉文中將這些內容一一列出，以期待韓春萌先生繼續和我探討，從而在真理的層面上越辯越明，可惜韓先生並沒有進行回應，這是我感到萬分遺憾的。在〈兼〉文中，韓春萌先生提到了傳記文學有多種分類，並且對於自己「批判清官忠臣孝子」、「不能給反面人物立傳」等觀念進行重複敘述，但卻將部分非難歸咎於筆者「對於分類模糊不清」等等，筆者個人感覺，作為學術爭鳴，這是有失公平的。

縱觀韓春萌先生的整篇〈兼〉文，有三處不當之處是需要指出的。首先是韓春萌先生對於筆者作品的誤評，韓春萌先生武斷聲稱本人在《中國圖書商報》上的大量針砭出版市場時弊的雜文是「招引眾怒的文章」。其次就是聲稱作者「抄襲」，在沒有閱讀第一手資料、沒有經過仔細的調查研究的前提下，韓春萌先生就武斷聲稱我的論著「談不上剽竊起碼也有抄襲他人之嫌」。如此輕率地聲稱筆者涉嫌抄襲，筆者認為，這也是不可取的。再次，韓春萌先生在其論著的結尾也如是說教，「韓晗先生出生那年本人從江西師大中文系畢業」，這無非是韓春萌先生想在年齡上證明他是我的長輩，自然在學術界上我就沒有挑戰他的資格。學術界只有真理，哪有尊卑，更沒有年齡大小一說，雖然筆者在學術上敢於和韓春萌先生爭鳴，但是在身份上，卻一直是把韓春萌先生當作老師、前輩來尊敬的。作為一名文學評論者，筆者絕非在這裡是要針對韓春萌先生進行一次以其人之道還治其人之身的「算帳」，而是想通過「兩韓之爭」的這個目前的狀況來進行一次學理的思考，也期望能把韓春萌先生拉到學術評論的道路上來。

在當下文壇，這種形式的文學評論並不鮮見。隨著出版的商業化，曾經一度純潔的出版界關係也變成了一般商業化都具備的利益關係。自然，產業社會中所具備的一些淺規則及一些缺陷也隨之暴露出來，比如說盜版、出版低級趣味化、商業賄賂等等。文學創作與圖書出版成為了孿生兄弟，那麼隨之而來的、附著在文學創作之上的文學評論也成為了圖書出版的孿生兄弟。以至於在某種程度上為了敘述的方便，狹義的文學評論也變成了「圖書評論」，而將相對而言「小眾傳播」的戲劇評論、電影評論從其剝離了出來。

一旦將文學評論賦予了商業價值，那麼這種評論的目的就會從「提升讀者的趣味」變為「圖書出版的服務員」，這樣一來，評論者的立場就會因為和書商的利益關係而變化。當然，這也包括類似於韓春萌先生等評論家出於名利目的對於其他評論者的人身攻擊，從而為自己獲得一定的知名度與名利。總之，文學評論一旦和功利掛鈎，那麼這種評論的立場就發生了截然不同的變化，首先就是從客觀變的主觀，甚至不惜捏造事實，偽造客觀，從而讓自己的評論獲得更多人的「關注」而不是「回應」。

三、價值道德：從商業出版到功利評論

作為國內最權威的人文社科類學術資料期刊《人大複印資料》在論戰的開始就對「兩韓之爭」分別予以了積極的關注，這說明這個論戰在開始確實是學術性的，也是具備較高學術價值的。可惜到了論戰的最後，竟變成了令人不齒的、披著學術外衣的誹謗與攻擊，到最後原本出於真理論爭的學術爭鳴到了後來就變成了學者之間的個人恩怨。這種現象在中國的學術爭論中並不鮮見。早在上個世紀初期，胡適與梅光迪就因為新文學的論爭變成了「二人關係越來越僵，口氣越來越不好聽」的人身攻擊與個人恩怨。

在這裡，我想分析的是關於文學（圖書）評論與偽學術會議、學術爭鳴後的個人功利目的，我姑且將這種功利目的的評論統稱為功利評論。所謂功利評論與正規評論的區別在於，功利評論不以規範讀者的閱讀水平、提高讀者的閱讀層次、挖掘作品的內在含義，發揚作品的社會價值為目的，而是以純粹的功利性、商業性為目的

和尺規，採取的方式也不是一般文學評論所必須使用的敘述學分析、符號學分析與語言功能、文本結構分析，而是使用的社會分析（並非丹納或詩學主義）的方法，文本不以學術界為主要接受對象，而是以閱讀水平較低的受眾為接受對象，這種評論往往從作者的生平或是某些捕風捉影的隱私、個人生活出發，而拋棄作者所創作的文本本身，學術界一般認為，這種功利評論是不具備學理性價值的。

但是正是因為商業出版的刺激，這種功利評論往往能受到書商或是其他商業操作者們的追捧。按照敘述學的法則，一篇從他者出發的敘述評論文本，取決受眾關注的條件並非是評論文本本身所攜帶的語言功能與資訊結構。在商業化的前提下，這種文本的價值存在的形式大於功能，往往人們關注的是文本的作者本身與文本的語言形式（language style），這就是為何國內的批評界會出現如此多的「精英語言」與「泛精英語言」，本來一部非常簡單的書評，卻可以因為商業化的刺激被某位知名影評人（文藝評論家）一篇充滿各種學術符號的晦澀文本而變得令人難懂。而正是這種難懂，卻在無形中提高了整本書的層次，因為在後工業時代，人們習慣從反應中來摸索原始文本的層次價值，而不能從文本本身出發。

這只是功利評論的一個方面，畢竟這種評論在終極價值與道德底線上還是站得住腳的。但是對於某些評論來說，我們卻能從這些評論中嗅到某些不合適的東西。一部作品的出版，首先需要的是各方面的評論，然後從這些客觀（objective）的評論中獲得必要的資訊，從而能在再版的時候予以改善，或是對作者本身的創作形式與寫作姿態予以矯正。

但是以客觀為前提的評論在當下就變得不那麼客觀起來。僅拿余華《兄弟》一書為例，上市不久之後大量關於《兄弟》的書評、專著蜂擁而至，其中大多數的評論都沒有從真實公正的學術性出發，而是簡單的捧或殺。某些評論家更是拿著這些評論分析文本，結果是其再評論變得不忍卒讀。

就功利評論對於正規出版界、文學界特別是評論界的危害性，二〇〇六年五月筆者就在《中國圖書商報》上撰文表示了自己的看法：

> 但可惜的是，評論家關注的立場往往並不止是情感，就像別林斯基所說的那樣，評論家的職責，乃是補充作家敘述的空白，而不是說三道四……這就造成了文學評論界的混亂與惡俗。大家都只看重眼前利益，而不去兼顧名譽、真相以及邏輯層面的東西。這種事態混合到了一起，最後吃虧的還是媒體與批評家們——媒體陷入了不被信任的話語危機，而評論家們則墮落到了一種深層次的庸俗當中……所謂真正意義上的文學批評，並不是基於社會現象與敘事表徵的評判，而是基於敘述、修辭、邏輯三者之間的批評……這些評論家們在利益上一旦開始出現了和媒體利益的共同，他們就開始放棄自己的文學立場，隨即便按照市場炒作的要求和媒體的商業立場來發言……小說重要的是邏輯，是敘事方式，是敘述立場，而不是這種細節上的東西……對於余華生活的關照遠遠超過了對於《兄弟》這本書價值的探討，長達數萬字的訪談始終只是停留在創作談的表面，以及生活方式的詢問[1]。

---

[1] 韓晗，〈資本、媒介與受眾的困境——兼談《兄弟》中的意識悖論〉，《中國

在一年多前，我就針對這種問題予以了學理上的反思，只是當時停留於余華《兄弟》文本的本身，而沒有上升到整個批評界的話語空間上來。現在「兩韓之爭」的出現，我更傾向於相信於一點，那就是中國的評論界對於商業化的追逐果然如十八世紀英國、德國出版業剛剛興起之時那樣，評論家們不但善於惡捧，亦善於惡殺。對於利益相同，他們竭近所能，予以通篇的溢美之詞，對於利益相悖，他們則使出看家本事，予以果斷地誹謗誣衊。

對於文學評論家來說，文學評論的目的是「理智的認識」，而英加登則認為，「文學評論的價值並不在於為頌揚某些個人、制度或是教誨」。批評家的價值在於一場爭鳴的批評當中。在尋找真理的過程中，批評家永遠是找尋真理的工具，絕對不能化身真理。

由此我們可以得知，一場批評的終極價值並不在於誰贏誰輸，而在於爭鳴雙方誰更接近真理，誰更能把真理揭示出來，從而獲得一種趨於真理的共同。正如克羅齊所聲稱的那樣，評論的終極價值在於對於真理的接近性。但是值得注意的是，那就是一旦有一方偏離批評的軌道，那麼這種批評就等於徹底拋棄了終極價值，特別是在圖書評論中，針對某本暢銷書的大量正反之爭，如果是從文本出發，其內容尚可商榷，如果是從意氣、利益出發，那麼這種評論是沒有任何價值的。

那麼什麼是評論者的道德底線呢？杜夫海納說，一個有價值的、有基本道德的文學評論家，應該恪守的道德底線就是「不傷害，不擺姿態，不虛偽」。因為評論者本身的立場只有一個，那就是對

圖書商報》，2006 年 5 月 23 日。

於真理的探求，這種非個人功利化的評論對於自身是否擺出姿態、是否去傷害爭鳴的另一方並不重要，在一場出於學理性的文學評論中，雙方都是殊途同歸的利益共同者，他們所追求的，都是同一個真理，而在商業化、非道德的評論中，就變成了各為其主、各為其身的法庭辯論。

為什麼「兩韓之爭」沒有像「韓白之爭」那樣流於形式？也沒有像「沈韓之爭」那樣無聲無息？原因只有一個，那就是「兩韓之爭」在一開始是沒有功利性可言的，無論是我，還是韓春萌先生，都沒有任何形式的商業化背景。我們對於傳記文學的探討，在一開始的確是出自學術的。只是到了後來，韓春萌先生出於意氣（也是個人功利目的之一），對本人予以侮辱誹謗，這是有悖於學術道德底線的。所謂功利性，不但包括從經濟角度出發的功利性，也包括政治、名譽等物質功利目的。

對於這種帶有個人意氣、個人私利的文學評論，不但是不合時宜的，也是對於學術界、文學界有著巨大的危害，對於創作者與閱讀者、研究者來說，面對這種虛假的評論與話語體系，根本沒有辦法在這種反映中獲取到真實的資訊，從而決定對於文本本身及出版形式做出如何的調整。至於學者自身之間的恩怨，我個人主張，用溝通的方式解決比假學術之名來進行人身攻擊的惡劣形式要好的多，不但互相都恪守了學術的道德底線，至少也不會玷污學術的純潔性。

原文發表於《湖北師範學院學報》，二○○八年第一期

「上海想像」與都市文學的歷史敘事

──以《大都會》為核心的敘事批評

如果說中國有一個城市，它形成了綿延百年的現代文學敘事傳統，並多次促成了中國現代文學、當代文學的最重要轉型，那麼這個城市一定是上海。從鴉片戰爭爆發的一八四〇年至今，整個中國社會都存在於一種與「世界性」與「現代性」的革命性對話當中，在這種持續變革、持續對話的博弈關係中，上海成為了「敘事」的中心。

將上海作為敘事中心可謂在中國近現代文學史上源遠流長，從上個世紀初的包天笑、汪笑儂開始，到二十世紀前半葉的施蟄存、葉靈鳳、沈雁冰、張愛玲再到上個世紀後半葉的周而復、盧新華，再到新世紀的王安憶、程乃珊與葛紅兵等作家，他們分別用文字描述了一百年以來中國傳統話語體制與「現代性」、「世界性」對話的可能與規律。在敘事的縫隙中，上海作為一種文學的表徵意義被凸顯了，在這裡我稱其為「上海想像」。

近年來，隨著都市文化、布爾喬亞（Bourgeoisie）精神與城市工業的熱門話題，如何解讀文化、文學的生成機制作為一種學術課題的探討，「上海想像」成為了當代文學評論界著力去關注、研究的一個新課題。

上海大學教授、作家葛紅兵的長篇小說《大都會》便是近年來「上海想像」的優秀作品之一，這部小說以跨越代際的家族敘事為主線，以「上海」為敘事語境，從人性與社會出發，成功地描述了一個家族的興衰與一座城市史詩般的歷史進展。

一、「複線敘事」與「歷史烙印」

巴赫金（Bakhtin）曾經給小說的一種敘事方式賦予了「複調敘事」的定義，即小說中主人公與小說的語境產生一種矛盾，兩者構成了一種所謂的「對話」，遂形成小說的「複調藝術」，在《大都會》中，葛紅兵預設了上海這個地少人多的特殊語境，「土地」成了小說中一個被爭論、反思的命題。

「崔家」與「玉家」實質上是小說中的兩個對話者，與其說是兩個家族的對話，毋寧說是兩種社會話語的博弈。「崔家」從地主到被處死的「階級敵人」再到絕境逢生的地產大亨，實質上反映的是一個家族在參與社會「現代性」變革時的代價。可以這樣說，崔家是一直以來的勝者。而「玉家」代表的則是農耕文化、革命意識形態語境下的投機性產物，玉家本與崔家沒有私人恩怨，玉家對於崔家的迫害實質上來源於狹隘的階級鬥爭論與殘酷的紅色恐怖主義革命觀。譬如將崔靜園殺頭、將崔雲高的妻子輪姦致死，這類血腥、殘忍的行為已經超越了人倫的界限，兩個家族的仇怨在此已然變成了必然。

兩個家族的交鋒實際上來源於對於「土地」的認識。在小說中，「土地」的變遷作為一種大的語境式的敘事，與家族之間的「感情

糾葛」構成了「複線」，用結構主義的眼光來看，「土地」作為一個蘊含著不同時期時代精神的「語言」，早已影響到了「家族感情糾葛」的「言語」，兩者之間實質上是一種對話的關係。

馬若孟（Ramon H. Myers）在《中國農民經濟》一書中曾經就中國在「現代性」進程中「土地」的變革說到底就是土地利用方式的變化，但是其本質即「人地關係」沒有發生改變[1]。這個論斷用來考量葛紅兵的《大都會》可謂是非常之精准。「人地關係」也是這部小說的敘事核心，「複線敘事」的敘事本質無非是在「人地關係」做闡釋、注解。

從這一點來看，《大都會》的敘事是社會的敘事，但這是否意味著這種敘事可以脫離歷史的語境而獨立存在呢？

從人物關係來說，《大都會》的人際關係相對複雜，頻繁出場三十次以上的主人公就有十七位，人數之蕪雜堪比《紅樓夢》，歷史延續也較為久遠，橫度跨越為六十餘年，幾乎可與《三國演義》的時間跨度相比。在這樣類似於「清明上河圖」（葛紅兵語）的小說中，釐清其敘事所指是一件相當麻煩的事情。因為一般的讀者很難抓住敘事者的心裡偏好──究竟是描摹美好，還是在展現悲劇？究竟是書寫人生，還是在鞭笞社會？究竟是在反思歷史，還是在剖析現實？要回答這些問題並不是一件容易的事情，就筆者個人而言，對於這部小說的直接性感受還是從「歷史解構」來發掘。

文學是可以被敘述的，而歷史則是不能被敘述的，這是歷史有別於文學的最大特徵。尤其對於中國歷史而言，對於「人」的重構

---

[1] 馬若孟，《中國農民經濟》，哈佛大學出版社，1970 年，p.189。

與認識構成了歷史學研究的重要脈絡。當「文學」陳述「歷史」時，繞不開就是對「人」的解讀。

就這個問題而言，墨子刻亦認同「歷史」作為一個虛擬、抽象的概念與「人」的關係，當人受到歷史的制約時，其文學敘述亦會顯現出一種時代的「烙印」[2]。葛紅兵的《大都會》實際上就蘊含著這層寓意，在小說中，每一個出場的主人公都隨著時代的飛速變遷而陷入矛盾之中，並催生自我的變化，從這點來看，《大都會》不但在視角上是敏銳的，而且在敘事上也非常成功。

二、「命運」的敘事技巧及其語境化

無論什麼時代，優秀的文學作品並不在於反映什麼人，而是能否通過個體的描摹來反觀這個社會，從而完成屬於時代的敘事，這是權衡一部好作品的標準所在。

從這點來看，葛紅兵的《大都會》是一部難得的佳作。

這部小說中有一個至關重要的棋子，就是崔浩的妻子林白玉。如果葛紅兵只是單純地從人物性格、命運入手，巧合地將林白玉作為一個敘事對象進行描摹，那麼葛紅兵絕對算不上高明，他的高明之處在於，林白玉的出場與謝幕，都伴隨著時代的發展而演繹，形成一種獨特的角色存在形式。

當然，有評論家會將其歸結於「戲劇性」當中，但從戲劇理論的結構來看，又不大完全符合。因為戲劇強調的是舞臺（或場景）

---

[2] 墨子刻，《擺脫困境：新儒學與中國政治文化的演進》，哥倫比亞大學出版社，1977 年，p.304。

上對於某一個衝突的凝練與表達，在《大都會》中，這層衝突被賦予了命運的主題，這又與戲劇所強調的命運不盡相同。林白玉不是主人公，但是她的命運卻成了整個社會、參與者的命運，這是葛紅兵在這裡所運用的敘事技巧──「命運」的語境化。

眾所周知，「命運」的意義並不完全在於對於小說文本的掌控，而在於對於小說之外另一層語境的重新解讀，即小說所倚靠的社會能指。從上個世紀五十年代到當下，中國社會所經歷的革命化、現代化、全球化變革，實質上亦促成了社會本體的多重語境的共生，這也導致了語境中所生活個人的焦慮、糾結與無奈。

所以說，《大都會》中林白玉的命運，實質上亦反映了當代中國社會的變革，這也是為何作為一個非主角可以影響到整個小說全局的原因。

而崔家與玉家作為小說的兩大主角，他們的命運亦存在著不可控制性。玉家對於崔家的打壓、折磨並未讓崔家就此消沉，這也是葛紅兵在敘事時的情感偏向。在「文革文學」中，這種情感偏向必然會受到「階級鬥爭」的批判，因為在文革文學的敘事倫理中，玉家這樣「根正苗紅、苦大仇深」的家庭無論採取何等泯滅人性、血腥暴力的手段對付「剝削腐敗」的崔家都是合情合理的──因為在「革命倫理」下，法治、人性都可以被消解，階級與階級之間的矛盾構成了人與人之間倫理關係的總和。

作為出身民族資本家家庭的葛紅兵，對於這重關係存在著更為深刻的理解。在小說中，葛紅兵所張揚的是建立在「人性」之上的普世價值。葛紅兵認同的「命運」是符合人性的張揚，而不是為了刻意去獵奇或是滿足某種意識形態而去對人性予以曲解。

從這點來看。葛紅兵在《大都會》中，所張揚的是人性——無論是命運還是命運所屬的語境，都是以人為本的主旋律——土地是為人所共有，為人服務的，脫離了人的土地，註定喪失了使用價值，變得一文不值。

三、歷史、都市及女性主義

艾萊納‧西蘇（Hélène Cixous）認為，在全球化與現代化並重的社會當中，女性是一個繞不開的話題。作為「被敘事者」的女性，既存在著權力上的認同，亦存在精神上的解構。在這兩重語境下，「女性」作為性別意義上的能指坍塌了，而作為「社會」意義上的能指獲得了彰顯。

女性主義是《大都會》中所呈現的另一個敘事系統。這與「上海想像」是息息相關的。作為現代主義語境中心的上海，其畸形的文化體系，華洋雜處的文化體制，決定了「女性」作為一個社會主體符號而存在。

在《大都會》裡，一共有林白玉、玉簫燕與琛息紅這三個女人的形象，實質上，這三個女性的角色共同構成了《大都會》的總體結構線索。可以這樣說，三位女性都存在與主人公崔浩之間的聯繫，但是無論是崔浩還是那三位女性，聯繫之後的結果就是通向死亡與毀滅。這似乎是無可避免的災難，但是這又是一種必然——葛紅兵在小說中強調的是人性的必然，這層必然必須要有一種類似於因果報應的關係與主題切合。「女性」在這裡的價值在於引導小說

的主題，在不同歷史階段都有不同的女性出現，她們一步步將男主人公的「反人性」推向道德裁判的深淵。

這很容易讓人想到池莉早年的小說《來來往往》，主人公康偉業從「李醫生」開始，到自己的妻子段麗娜、情婦林珠與小情人時雨蓬，他接觸的女人越多，自己越不自覺地滑向了道德的深淵，在不同歷史時期出現的女人，實際上都打著不同歷史的烙印，無論是《來來往往》還是《大都會》，「女性」都被語境化處理了，成了「男人」這個客觀事物的歷史與決定者。

在《大都會》中，「都市」與「歷史」實際上是互為語境的一對矛盾。在「上海」這個畸形的土壤中，「都市文化」強調了女性的意義，並將其與「男性」一起平等化、概念化了。如何以「歷史」的高度來解讀「都市」及其女性主義的特質，這方是解讀「大都會」的另一層新角度與新方法。

綜上所述，「上海想像」是葛紅兵站在時代、歷史的高度為《大都會》賦予的語境，而「女性主義」作為小說中的核心命題，如何站在時代的高度，來詮釋、解讀葛紅兵所營造的這些內涵，則全憑讀者自身了。

論電子傳媒中文本的分裂與再生

——兼談電子傳媒時代的文學標準

一、電子傳媒下文學場的生成

　　正如雅克‧德里達所說，進入二十世紀後期，文本的傳播開始呈現出了比「機械複製」更為迅速的速度。本雅明所恐慌的機械複製終於在二十世紀末期在全球呈現出了一種急速膨脹的傾向，大量的藝術作品開始利用電子電腦創作，利用網際網路進行傳播。軟體公司開發出的字元輸入軟體與繪圖軟體開始讓藝術創作表現出了後機械複製化的徵兆。尤其是文學創作，在二十世紀的後十年，逐漸顯露出了一種非常特殊的變革。無紙寫作與網路傳播為這種變革提供了技術上的可能。而這種借助於新科技手段的文學形式在中國也獲得了迅速的發展。

　　截至二〇〇七年，中國已經出現了近一億的互聯網用戶。這樣一個龐大的閱讀群體，為電子傳媒時代的文學提供了一個異常龐大的接受場。在這個接受場裡，曾經的「寫作者／讀者」的關係變成了「參與者／參與者」的關係。由於接受成本極低、傳播速度極快，

閱讀者們關於文本與下一個文本的選擇間隔被大大的縮短了。而且可以主動地參與評論，甚至與創作者進行虛擬的對話。在原來的傳統媒介中，寫作者永遠是佔有主動權的，讀者只有被動地去接受，而文學雜誌為讀者開設的評論版面也是極少的，評論的權力永遠是學院派的評論家、報刊編輯所獨有。而在網路技術的條件下，寫作者與讀者的關係獲得了一種平等，讀者可以迅速地參與到文本當中，並就文本有了選擇的權利。在電子傳媒的帶動下，一種新的文學場自然而然也就形成了。

法國文論家布迪厄認為，在任何一個「生產／接受」的文學關係下，都可能形成一種超越意識形態的文學場。而文學場的本質，首先可以被視為一系列可能性位置空間的動態集合。在文學場，行動者（或者參與者）所擁有的最重要的資本就是文化資本、符號資本或者說文學資本。在電子傳媒所激發生成的文學場下，文學的生產者與文學的接受者所擁有的文學資本是相等的，這是與傳統文學場文學資本的不對等相當不同的一個「新文學場」。任何參與到新文學場當中的人，都是行動者，而這種參與並沒有任何身份的限制。

在布迪厄的文學場理論中，參與者總是力圖將自身的優勢合法化為文學場的普遍性話語。而在電子傳媒時代的新文學場中，無論是寫作者還是參與者，都無法在對方那裡體現出自己的優勢，但是他們在意識形態的認知上都是相同的，即對於傳統傳播方式與傳統意識形態（不是傳統文學）的一種反叛，這就導致了他們擁有相同的普遍性話語並讓這種話語合法化。在電子傳媒延伸出的文學場裡，話語趨同是最大的特徵。讀者對於作品、作家的評判標準拋離

了官方的意識形態，以娛樂性兼帶文學性成為了電子傳媒下文學的評價標準。「好懂、好看」的兩好原則構成了電子傳媒文學的評價機制。傳統媒介中的好作品在電子傳媒中並不一定獲得認可，而在電子傳媒中獲得認可的作品也不一定能夠在傳統的媒介裡得到肯定。

正是這樣的媒介、這樣的評價標準，構成了電子傳媒下的一種新文學場。這種文學場不是一成不變的，它也在以自己的形式變化發展，並向其他的文學場靠攏、滲透。

二、文學場的邊緣化與文本的分裂

誠如上文所說，這樣的文學場所依託的媒介是電子傳媒而不是傳統的媒介。這就涉及到受眾的意識形態歸屬問題。雖然我們所處的是電子傳媒時代，但是相對於大多數人而言，主流媒介相比電子傳媒是更具有認同感與話語權力的。在傳播體系中，往往意識形態的集中會導致話語權力的歸屬。新文學場雖然比傳統的文學場更有活力與傳播廣度，但是新文學場的誕生並不意味著傳統文學場的消亡，相反，新文學場甫一誕生，就不自覺地成為了傳統文學場的預備階層。新文學場的代表就是受眾廣泛的網路文學。如果我們把關注的目光放到中國，那麼就不得不談中國的網路文學與後來的「出版邊緣化」。

學界一致認為，中國第一部網路文學作品是留美作家少君一九九一年發表的文章〈奮鬥與和平〉。在此之後，中國的網路文學開始出現了蓬勃發展，新浪網的前身四通利方網站成為了中國第一個

網路文學的陣地。隨後，大量的文學網站如雨後春筍一般迅猛發展。自然而然，這將會催生出大量的文本。從文本主體上看，這與傳統的文學文本並無太大的差異，只是在生產效率上遠遠超過了傳統文學的文本生成。而且在質量上，與傳統文學基本上是相差無幾的。著名作家陳村曾論斷，「網上網下的作品好壞比例大體是一樣的，都有佳作和劣作，都離偉大的文學較遠。」

恩格斯在〈致康‧施米特〉中定義，文學是「更高地懸浮於空中的意識形態領域」。從這個角度看，新文學場似乎是傳統文學場的一種映射，但是它擺脫的是傳統文學場的「生產／接受」關係，而沒有超越傳統文學場的價值與話語權力。在歸屬上看，新文學場的寫作者處於一種「無意識形態」的真空寫作，文學是意識形態的物化，無意識形態的寫作註定不會長久。正因為這種歸屬的缺位，導致了新文學場下的寫作者，為了寫作的持續與社會意識形態的流動，不得不主動向主流媒介靠攏。

在這裡，電子傳媒扮演了一種流動的角色：一方面，它將好的作品、作家推向了主流媒介；一方面，它又不斷地創造新的作者。前者由其缺點──缺乏穩定性、長久性與穩固的意識形態所決定；而後者則由其優點──閱讀成本低，傳播效率高所決定。向主流媒介靠攏的寫作者，成為了主流的創作者，即從「寫手」向「作家」過渡。無庸置疑，幾乎每一個在網路上寫作的人都有著作家夢。但一旦其中某些靠攏主流意識形態並將文本遷移到主流媒介的作者，幾乎都再也不會回到網路寫作。當然，這也不乏經濟利益的緣故。比如說安妮寶貝，她就表示「不再進行網路寫作」；曾經以「第四維」為筆名在「榕樹下」【編者按：中文網路文學網站】發表文

章若干的青年作家郭敬明一旦成名之後，再也不去榕樹下網站發帖子；榕樹下建站伊始的網路知名寫手甯財神在主動接觸傳統媒介成為作家之後，於是便嘗試往電視劇等更為主流的媒介靠攏，並創作出了風靡全國的情景電視劇《武林外傳》。僅就筆者而言，二〇〇三年，筆者還是一個在「榕樹下」、「紅袖添香」等網站發帖子的網路寫手，到了二〇〇七年，筆者已經成為了中國作家協會的會員，並且很少再去這些網站，偶然只是委託榕樹下某些私交比較好的「社團」發一些已經在主流媒體上發表過的文章。同為青年作家、中國作家協會會員的殷謙也是一名網路著名寫手，他在接受記者採訪時就表示，他的文字「先落到紙上，再落到網路上」。

實際上用「邊緣／中心」理論的分析我們就能很容易看出，就某些從電子媒介走到主流媒體的作者而言，他們的這種升級實際上是將曾經所參與的電子傳媒性寫作邊緣化了。在這個過程中，我們清楚地看到，傳統認為好的作品開始上升到主流媒介內部，成為了傳統文學場中在場的行動者。而不能獲得出版、發表的作品就在網路上因為技術、時間等原因逐漸消失，最後連文學的具體形態都無法保存。相同的電子傳媒文本在同樣的媒介平臺上分裂，一部分文本上升了，一部分文本湮滅了，這就是電子傳媒所生成新文學場下的文本分裂，在這樣的分裂中，並不排除某些好的作品被湮滅，某些劣作反而獲得了出版（包括自費出版）的機會。但是從主流上來看，獲得出版的作品還是在大局上迎合了官方意識形態標準（政治利益需要）與大眾審美標準（經濟利益需要）的作品，這一點是毫無疑問的。但出版標準並不完全等於文學標準，這也是值得注意的地方。

三、文本的再生與傳統的下延

就大部分網路寫手而言，他們出版（發表）的第一部作品應該是他在網路上的代表作品。譬如說蔡智恆的第一部長篇小說《第一次親密接觸》就曾風靡海峽兩岸的網路原創作品，兩年後今何在出版的第一部作品詩體小說《悟空傳》也是網路上紅極一時的作品，直至去年廣西人民出版社出版「燕王朱棣」的第一部長篇小說《我在火車站撿到一個彝族美女》，仍然是一部網路名作，這部小說曾經因為人氣火爆，曾一度在「天涯網站」導致了頁面無法刷新的局面。筆者二〇〇三年底出版的第一部小說也是曾經在「北大中文論壇」上獲得「點擊率之最」的網路長篇小說《寂寞城市》。

但是我們也能看到一個傾向，那就是這些從電子媒介上走到主流媒體上的作家，在其後的作品中日漸出現了作品的正統化、純文學化，甚至其中部分作家開始在《收穫》、《十月》、《當代》這些傳統的大型文學期刊上發表自己後來的作品。有的還加入了省級作家協會，甚至其中部分作家還加入了中國作家協會，成為了傳統文學場中文學資源的擁有者與主流意識形態的捍衛者。安妮寶貝其後創作的作品如《八月未央》、《彼岸花》等再也與網路文學無關，而是非常正式的散文與小說；郭敬明其後出版的長篇小說《夢裡花落知多少》、《悲傷逆流成河》也是正統意義上的純文學作品，並且前者在大型純文學刊物《萌芽》上連載近一年，隨之也「破格」加入中國作家協會；就筆者本人而言，在隨後出版的作品中，多半都也以學術評論與文化散文為主。而且和其他從新文學場過渡到傳統文學

場的作家一樣，這些作品曾經也都在主流的純文學刊物、學術期刊上發表過，然後再結集出版。即由「傳統媒介－傳統出版」的過渡，而不再是「網路－傳統出版」的過渡。

這些滋生出來的新文本，已然和電子傳媒的文本截然不同。但是這些文本的生產者卻是從新文學場中走出來的，他們的身上不可避免地被打上了網路文學的烙印，這就是他們和他們之前作家最大的區別，以致於他們加入作協還遭到了各種各樣的非議。因為就傳統看來，網路寫作是不正規的，電子傳媒似乎永遠比主流媒介低一等，而電子傳媒的作者突然成為了主流媒介的作者並且在傳統文學場中要把持更多的文學資源，這對於傳統的行動者來說，是不可理解也是不可容忍的。正如詩人韓東所說：

> 所謂文壇秩序，無非就是一桌筵席而已，座位早已擺好，每個位置都已分配好，如果新來者要想進入這桌筵席的話，那麼只有兩種辦法：一是加位置，這意味著每個人原有的空間必須縮小，以便為這個擠入者騰出一點空間……這種辦法也許可以稱為是改良，它通過內部的調整溫文爾雅地進行，並且不觸動「現存秩序」，不過這對於後來者來說比較艱難。第二個辦法……宣告與現行秩序決裂，他雖然無力推翻他，但至少可以採取不承認不合作的態度，然後他可以「另立山頭」，也可以以個體化的身份自由寫作[1]。

---

[1] 丁帆、許志英，《新時期中國小說主潮》，人民文學出版社，2004 年。

很顯然，大量的網路寫手所主張的，仍然是第一種策略。用當下的社會語境來說，這屬於「體制內寫作」，即你要服從於當下主流政治體制框架下的出版體制、作協管理體制，再也不可能像在網路上那樣無拘無束地寫作。而在網路上目前仍在活躍的寫手，他們則是一種「體制外寫作」。

在後現代語境與消費主義的時代下，「身份認同危機」成為了一個備受關注的巨大命題。因此，大量的寫作者在主流意識形態的驅使下與傳統文學場中文學資源的誘惑下，開始主動謀求一種「身份認同」。於是，這些處於體制外的寫作者逐漸向這些已經在傳統文學場站穩腳跟的作者學習、模仿，從而為自己今後獲得一種身份認同而積累資本。正因為此，網路文學的純文學化、泛文化化也開始有了新的苗頭。部分文學刊物也開始和網站聯合在一起，直接性地將部分作品從「電子傳媒」向「主流媒介」拉進，以便讓這些作者逐漸擁有傳統文學場的文學資源。

談到這裡，就必須要談到另一個問題：一方面，大量從網路走向傳統媒介作者開始拋棄網路寫作，一方面，大量的傳統作家又開始介入到了網路寫作。其中代表人物就是上海作家陳村，他在天涯、久久讀書網等網站常常發表自己的作品，並在榕樹下擔任文學顧問一職。此外，邱華棟、余秋雨、虹影等傳統作家都開始進行了「博客」寫作，這種從傳統文學場下延到新文學場的傾向，是非常值得關注的。當然，這些作家最主要的目的應該在於想讓文學資源均衡，他們意圖讓自己在新文學場中恢復到一種平等的身份與讀者對話，從而獲得對於自己作品最真切的反應。但是，這種下延最大

的意義就是在於在電子傳媒時代，文學的標準開始出現了多元化，混雜化的傾向。

四、文學標準新秩序的重構

從這個角度看，傳統的文學場與新文學場彷彿是兩個相互獨立的圍城，傳統的作家想參與到網路寫作，而網路寫手又想進入到傳統的寫作當中來。

這個問題所反映的本質，實際上就是文學場文學資源配置的不合理所導致的。一方面，傳統作家因為手裡資源過多，而無法得到讀者的真實反應，這是不利於繼續創作的；一方面，網路寫手們因為手裡的資源不合理，他們獲得讀者的反應太多，而無法參與到傳統的主流媒介當中去。正是這種資源的不合理配置，導致他們彼此進入到對方的文學場，開始互換行動角色。

這樣的互換導致的結果就是兩個文學場的邊界開始模糊化，曾經一度涇渭分明的兩個分屬不同層次的文學場開始出現了雜糅，這種雜糅也就自然而然導致了文學標準的雜糅。在此之前，因為不同傳播媒介的兩個不同的文學場，所持的文學標準也是不同的。在新文學場中，判斷一部作品的優劣，所依靠的標準是是否受歡迎——落實到具體的物化上就是網友的點擊率、回帖，人氣成為了衡量一部作品的唯一標準；而傳統文學場中所持的標準，則是是否有文學性（literariness）——即雅各森所主張的「將文學與其他東西區分開來」的尺規，以及政治導向性——即能否「為政治服務」、能否「鼓舞人」作為了僅有的兩個評判標準，作品的好壞優劣，與人氣

反響無關。傳統意識形態認為，「叫好不叫座」的作品，仍然不失為一部優秀的作品。

但在文學資源跨文學場獲得了重新配置之後，電子傳媒的作品開始進入了主流媒介與主流評論家的視野。隨之，體制內的文學評判標準開始被體制外的標準所影響。在二○○○年，安妮寶貝的《告別薇安》的總發行量超過了六十萬冊，中國的第一部市場化的暢銷書因其而出現。隨著數年後的出版市場改制、出版集團與文化公司的相繼建立，於是開始出現了對於暢銷書的「排行」。判斷一部作品好壞，再也不單純依靠「政治導向性」與「文學性」這兩個簡單的標準一刀切，而是綜合考慮到了是否暢銷，是否走紅。當然，這與中國圖書市場的日漸產業化也是分不開的。

由於現存體制的決定因素，對於文學作品的評判標準一直沒有放棄政治導向性的要求。當然，這裡並沒有刻意要求作品去追隨主流意識形態，只要不違背主流意識形態就可以不必置喙。但是在文學性與市場性之間，評判標準卻一直在飄忽不定地遊走。這種遊走，實際上預示了今後文學標準的一種「重構」的趨勢。當下的文學標準，實際上是一種混雜（mingle）的局面，這種混雜的本質是一種無序的狀態，但是無序的結果終究是一種新秩序的誕生。

鑒於此，就目前而言我們評判一部作品優劣的標準確實是多元的。出發點不同的不同考察者，得出的結論自然也不盡相同。當然作為電子傳媒時代的文學評論界，對於一部作品的解讀應該客觀地要綜合多種因素、多重標準，從而進行一種全方位的解讀與評判。

自然我們也必須要知道，這只是整個文學價值標準的新秩序在重構之前的一種權宜之計。

原文發表於《理論與創作》，二〇〇八年第 1 期
被「人民網」與《中國社會科學文摘》二〇〇八年第七期全文轉載
並與張清華、賀仲明、施戰軍等評論家的作品同入選《鍾山》雜誌
「互聯網與文學標準」大討論

關於戲劇

導　論

　　戲劇這一古老的藝術形態，在當下呈現出新的樣態，但是華語戲劇批評卻時常滯後於當下時代，這已然是束縛戲劇創作、戲劇理論發展的一個大問題。

　　〈百年中國話劇史與文學史的現代性問題芻議〉，是從文學史的高度來分析當下話劇研究低潮的原因。

　　〈重構「對話式」的文學批評〉，提出了「對話式批評」的理論，並試圖將其引入戲劇批評當中。

　　〈寄寓於表演中的兩種敘事〉從戲劇形態學的角度審理中國戲劇的發生這一當下熱門學術問題。

　　〈釋「弔詭」〉則是嘗試運用西方當代戲劇理論解讀中國戲曲中的結構及其他要素。

　　值得一提的是，〈「功能」與「合法性」：從故事到敘事的文本研究〉是一篇有著獨特意義的論稿，運用西方最前沿的批評理論，解讀中國傳統戲曲文本的接受與發展，在戲劇批評中，有著獨到的意義與價值。

百年中國話劇史與文學史
的現代性問題芻議

——兼談當下中國話劇史研究諸問題

　　發軔於五四新文化運動的中國現代文學史是一種特殊的文學史形式，其中涵蓋了小說史、流派史、戲劇史等多種分類文體史的概念性研究。在這些研究對象中，惟獨迄今為止傳承百年的話劇是源自西方的現代性話語結構，是具備「現代性」這個基本特徵的。而就現代文學史的書寫而言，「現代性」也是其不可或缺的關鍵性因素。本文就中國現代文學史中話劇史的研究出發，側重詮釋中國話劇史研究中所暴露出來的一些問題。

一、從中國話劇萌芽的四種觀點談起

　　芬蘭美學家希爾恩說，「戲劇藝術，在戲劇這個詞的現代意義上它必然是相當晚近的事情，甚至是最晚才出現的，他是藝術發展的一種結果。」[1]作為表演形式的一種，戲劇的存在則有著相當久

---

[1]　朱狄，《藝術的起源》，第 177 頁，中國青年出版社，1999 年。

遠的歷史，直可追尋到古希臘時代，而作為一門自成體系的藝術學術領域，「戲劇作為藝術學科來研究，始於二十世紀初」[2]。因為在工業革命、世界金融危機與世界大戰之後的十九世紀後半葉，世界文學的總體宏觀結構開始出現了變革。「如同西方小說從十八世紀開始取代傳統的韻體敘事文而成為一種主要的文學樣式一樣」[3]，小說、戲劇等大眾文學的研究不斷在這段時間裡逐漸攀升自身的文學地位，從而獲得了文論界與創作界的關注。

就在這樣的一個大環境下，伴隨著新思潮、社會革命對於文化的刺激，話劇開始在中國出現了。在當下的文學史研究中，對於當時戲劇在中國的出現，一直有各種各樣不同的詮釋。筆者粗略地歸納一下，就話劇在中國獲得起源、發展這一個文化思潮來說，就有多種不同的說法。筆者略微總結了一下，其中以王嘉良先生為代表的「象徵說」、樊駿先生為代表的「功利說」，錢理群先生為代表的「商業化說」和黃修己先生為代表的「工具說」這四種說法為代表。

話劇出現是十九世紀末、二十世紀初的事情。早在一八六六年，就有西方的僑民在上海組織「ADC劇團」，可惜在民眾中迴響甚小，但卻對於知識份子影響甚大。三年後，上海聖約翰書院的學生編演出了一出「時事新戲」《官場醜史》，這部戲擺脫了中國戲劇中「唱功」與「坐功」的程式美學束縛，成為了中國話劇的雛形。[4]

---

[2] 周華斌，《中國戲劇史新論》，第 1 頁，北京廣播學院出版社，2002 年。

[3] 王嘉良、顏敏，《中國現當代文學史・上冊》，第 5 頁，上海教育出版社，2004 年。

[4] 汪仲賢，《我的俳優生活》，《社會月報・第一卷》（連載），1934 年。

真正對於中國話劇萌芽的研究，一般以一九〇六年底成立於東京的春柳社為考察對象。這個由旅日華裔留學生組成的文學團體，自然而然也因為其特殊的印記而給後學者留下了許多詮釋的角度與空間。

文學史家王嘉良從「春柳社」的戲劇創作與作品影響出發，將其「在日本的影響」、「波及到國內的影響」分段敘述，「西方寫實戲劇之最初『輸入』中國，實際上走了一條經由日本的『之』字型道路。」這段歷史在王嘉良看來，有著繼往開來的巨大作用，對於這段歷史的功用與價值，王嘉良援引了日本戲劇評論家伊園青青園的一句話，「中國青年的這種演劇，象徵著中國民族將來的無限前途。」[5]故而王嘉良對於中國話劇早期萌芽的關注，並不宥於一般化的文化研究，而是將這種研究涉獵到了社會、歷史這個層面之上了。

而持「功利說」的樊駿則認為中國早期話劇則是源於戲劇本身的廣泛接受性，樊駿從戲劇本體論入手，談到了中國歷史悠久、一脈相承的演劇傳統。「中國傳統戲劇歷史悠久，劇種繁多。」並從當時的國情出發，闡釋了為什麼話劇會在那個時候成為文學界普遍關注的對象，「在這個文盲占極大多數的國度裡，詩歌、散文、小說等唯有識字者才能接受，那麼戲劇通過舞臺演出的方式，可以擁有包括文盲在內的廣大觀眾，戲劇具有直接訴諸群眾的特點，懷著深厚思想啟蒙使命感的『五四』文學革命的倡導者，也就格外看中這種文學體裁。」樊駿同時也看到中國傳統戲曲所遇到的困境，「隨

---

[5] 王嘉良、顏敏，《中國現當代文學史・上冊》，第 117 頁，上海教育出版社，2004 年。

著中國社會的急遽轉型，這些戲曲也因為遠離現實而迅速喪失藝術的活力，戲劇革命同樣提上了日程，而且決定了這將是一個更為複雜、艱巨的任務。」[6]

　　與王嘉良、樊駿所有別的是，錢理群一方面看到了話劇的產生是因為「適應於現代文明的需要」，一方面看到了「戲劇的教化功能被發揮到了極致」。但更重要的是，錢理群關注的層面深入到了戲劇產生的經濟根源。作為上層基礎的戲劇，出現的原因除了其本體自身的原因之外，還和經濟的發展息息相關。他從早期話劇的「甲寅中興」入手，站在商業化的角度談戲劇。「以『職業化』和『商業化』為主要特色，一年之內，上海一地即成立職業劇團數十個，職業演員在千人以上，演出劇目數百個」。[7]

　　從戲劇文學與的缺乏來審視中國話劇破繭而出的原因，是黃修己關於中國話劇起源的觀點。「理論十分豐富，劇作卻十分缺乏」，並且著重提到了「易卜生主義」這個概念，「從文藝上講，（易卜生主義）就是現實主義」，由於傳統戲劇的陳舊、寫意與美學程式化這些桎梏，結果導致大量戲劇受眾產生了對於現實主義劇作的渴求。在之後，黃修己不斷提到關於「劇本缺乏」的觀點，並引用鄭振鐸先生所說，「到處都能感到劇本饑荒的痛苦。」[8]在這樣「理論」與「劇作」嚴重不平衡發展的動力下，中國的話劇獲得了萌芽與發展。

6　張炯、鄧紹基、樊駿，《中國文學通史‧第六卷‧現當代文學編》，第 198頁，華藝出版社，1997 年。

7　錢理群、溫儒敏、吳福輝，《中國現代文學三十年》，第 165 頁，北京大學出版社，1998 年。

8　黃修己，《中國現代文學發展史》，第 189 頁，中國青年出版社，1997 年。

　　綜上所述，在中國現代文學史中，關於早期話劇萌芽的代表性觀點總體分為這四大類。當然如就單純的戲劇史研究來看，自然遠遠不止這些觀點。縱觀當下戲劇理論界，較有影響的觀點還有胡星亮教授的「反戲曲傳統－回歸戲曲傳統」說[9]、周安華教授的「光榮屬於『他者』」說[10]、焦尚志教授的「審美體認」說[11]，以及陳白塵、董健教授的「戲劇貧困化」[12]說，這些在戲劇界影響深遠的觀點一一構成了當下對於中國戲劇現代性起源的爭鳴與思考。在本文中，筆者將圖在中國現代文學史的書寫中析出中國戲劇的發展與嬗變，從而探索現代文學中「現代性」這個意義深遠的命題。

二、對於話劇史研究的重新結構

　　就整個中國現代文學史而言，歷史跨度僅為三十二年。可以這樣說，並沒有哪個專門文學史在時間上擁有這樣狹小、封閉的考量範疇。但是就在這三十二年裡面，形成了話劇這個新興文學形式，並對其他的文學形式產生了非常重大的影響。

　　從當下的戲劇史研究來看，對於話劇的研究並沒有能很好的被放置到文學史這個大框架下來考量。被獨立關注的話劇卻僅僅是從其本體出發，而沒有能從文學史的整體出發。即使是編寫文學史，

---

[9]　胡星亮，〈論中國話劇與民族戲曲傳統〉，《南大戲劇論叢》，第 290 頁，中華書局，2005 年。

[10]　周安華，〈光榮屬於「他者」──論中國戲劇的現代型生成〉，《南大戲劇論叢・貳》，第 232 頁，中華書局，2005 年。

[11]　焦尚志，《中國現代戲劇美學思想發展史》，第 8 頁，東方出版社，1995 年。

[12]　陳白塵、董健，《中國現代戲劇史稿》，第 5 頁，中國戲劇出版社，1989 年。

也只是單純地、單方面地將戲劇史列為文學史的附庸，卻很少關注戲劇史對於文學史的影響與作用。從目前文學史界對於話劇史研究的狀況來看，一般分為戲劇作家（作品）研究和戲劇思潮（社團）研究這兩大類。直至二○○一年，才有黃愛華的專著《中國早期話劇與日本》出版，但這本書並沒有從文學史出發，來分析中國戲劇「世界性」這樣一個命題。

從上文關於中國早期話劇的萌芽我們可以看到，早期的戲劇的萌芽原因是內因和外因相結合的。在表象上，這種結合被理解為「國劇」與「舶來劇」的結合。從這點來看，學者傅謹則主張「重新恢復國劇在現當代文學史與戲劇史上應有的地位」[13]，但他卻從古今文學史這個高度出發，系統地闡釋了文學史書寫中戲劇史的敘述形式。「不能以新文學史代替現代文學史、不能以劇種作為衡量作品價值的標準、文學史觀念應該有民族視野。」[14]但傅謹在下文的著述中則又宥於了另一層的悖論，隨即他又將戲劇史的考量對象放到了傳統戲劇戲曲即國劇的層面之上。

但是值得關注的是，傅謹仍然提出了「文學史觀念」與「民族視野」這個命題。文學史和歷史帶有一樣的、發展性的內涵。而人類對於歷史發展的觀照，則應該是進化的。「正像達爾文發現有機界的發展規律一樣，馬克思發現了人類歷史的發展規律。」[15]尤其在現代文學史中，我們很有必要如傅謹所說，將古代、近代文學史

---

[13] 傅謹，〈20 世紀中國戲劇史的對象與方法——兼與《中國現代戲劇史稿》商榷〉，《戲劇藝術》，第 25 頁，2001 年 3 月期。
[14] 同上。
[15] 恩格斯，《馬克思恩格斯選集・第 3 卷》，第 776 頁，人民出版社，1995 年。

與現代文學史相對比，但是我們的重點並不在探詢現代文學史中的古代傳統，而是應該採取對比的方式，觀照現代文學史作為一種歷史的「現代性」。

之所以筆者將現代文學史的觀照著眼於現代文學史體系中話劇史部分，是因為話劇作為一種新興物種，它自身是基本上與曾經的戲曲「斷代」的。因為中國古代戲曲與西方戲劇在本質上有著天壤之別，雖然同為「戲」但兩者卻不可混為一談。從形式上看，話劇與中國傳統戲劇最大的區別在於「演員和舞美」的不同，話劇重「體驗」而傳統戲劇則重「神似」。[16]從內容上看，就中國的「傳統戲劇」而言，應該可以歸類到我們常說的「戲曲」範疇當中，無論是從編排演出的形式上理解，還是從劇本撰寫的內容上分析，發軔於現代文學初期的「文明新戲」與中國傳統戲曲最大的區別乃是在於其審美層面上「音舞性、程式性、虛擬性、敘事性」的缺失。代表文學現代進程的話劇，是中國現代文學史開山的重要一環。正是因為具備這些特徵，文學史才從中國古代的審美原則進化到了現代性的審美原則。「現代文學史的起點應該從『現代』一詞的涵義來理解，即無論思想內容或語言形式，包括文學觀念和思維方式，都帶有現代化的特點。」[17]所以說將話劇作為考察樣本，是可以管窺中國現代文學的現代性的。

從本質上看，中國早期話劇起源於西方戲劇的傳入，這並不是突然的。隨著鴉片戰爭的爆發，西方的各種先進文化形式不斷傳入

---

16 曾紀鑫，《沒有終點的涅槃：中國戲劇發展與反思》，第 194 頁，山東文藝出版社，2004 年。

17 王瑤，〈中國現代文學史的起訖時間問題〉，《中國社會科學》，第 36 頁，1986年 5 月期。

到我國，衝擊著我國業已存在的傳統的文化觀念與文學形式，並造成相當廣泛的影響，而西方戲劇則是諸多文化表現形式之一。所以直至現在我們都只能籠統地知道，當時傳入中國的戲劇是從「西洋」傳入的，當然也包括從日本傳入的「二手西洋貨」。那麼，如果我們把觀照現代文學史的立足點放到對於早期話劇的考察上來的話，我們就更能洞悉中國現代文學史中的現代型意義與價值。

拙以為，只有對話劇這種形式的考察，才是對於現代文學史中現代性的一種完備考察。但是我們還要關注現代文學史中伴隨著現代性的另一種本質，即世界性的問題。而來自於西方現代文明的「中國話劇」，則是一扇管窺中國現代文學史現代性的視窗。

三、話劇史在現代文學史中的地位

話劇史在文學史中並沒有作為一種重要的考察對象而被放置到整個現當代文學體系當中，因為中國的文學史一般是以作家作品的細線條敘述與思潮流派的粗線條表達為兩套並行的書寫模式。而戲劇並不是單一的「作家－文本」結構，正是因為話劇史和其他文體史的不同之處，結果導致在文學史的書寫中，一直把對文學史的書寫形式與研究方法套用到話劇史之上。

如何在現代文學史中看待話劇史的問題，在實質上就是一個怎麼去理解現代文學史的問題。發軔於一九一七年「五四」新文化運動，中止於一九四九年七月第一屆全國文代會的中國現代文學史，跨度整整三十二年。但是其中的話劇史部分並非恰好與這三十二年相吻合。正如王嘉良所指出的那樣，晚清文學出現現代化的端

倪，乃是源於「西方文學的譯介」與「現代傳媒和文學市場的形成與作家的職業化」，而正因為這樣的原因，才促使了「中國文學的現代化也就不能不在『世界文學』的體系和視野中展開」[18]。

上文所述的四種「話劇發軔」的主張，再粗略看來，無非是分為了兩個大的部類，其一是「內因」，即話劇的發展是建立在大量的「戲曲觀眾」這個基礎之上的，戲劇作為一種「工具」而被社會革命、政治運動所使用。在這個觀點體系中，社會居於其一，而戲劇則居於其次，成為了社會的派生物。第二個部類則可以理解為「外因」，即把話劇出現的根源認定為「西學東漸」的衍生，帶有西方現代意識的話劇，對於中國傳統的戲曲並沒有任何的繼承關係和改進關係，持這種觀點的人，往往主張話劇是獨立於傳統戲曲之外的一種學科體系，話劇史與戲曲史在現代文學史中應該分開研究，分開書寫。

那麼我們如何來透過話劇史來觀照現代文學史呢？「一個時期的文學是不是屬於『現代文學』，取決於這一時期的文學堅持還是違背了五四確立的這一文學精神。」[19]追求人性解放與個體自由的啟蒙主義文學也就成為了現代文學與古代文學的學科分野。無論是「五四文學精神」，還是個性解放與啟蒙主義，都並非中國傳統的產物，而是源自於西方的近代啟蒙思想。早在現代文學發軔之前的近代文學現代化的萌芽時代，話劇就已經作為一種新興的、舶來

---

[18] 王嘉良、顏敏，《中國現當代文學史‧上冊》，第 3 頁，上海教育出版社，2004 年。

[19] 李楊，〈文學分期中的知識譜系學問題〉，《文學評論》，第 16 頁，2003 年 5 月期。

的、帶有現代性意識的文學形式而存在了。五四文學運動中戲劇已經成為了文學的主力。「為了貫徹自己的理論主張，新文化的先鋒們一方面大力鼓吹並推動對西方戲劇的翻譯工作」[20]。一九一七至一九一八年這一年間，《新青年》雜誌陸續發動了對新劇的鼓吹，對傳統戲劇的批判，錢玄同主張要把京劇「全數掃除，盡情推翻」，建立「西洋派的戲」，周作人、傅斯年等更是主張戲劇全盤歐化。其中，對於文化持保守觀點的劉半農也撰文聲稱，「現今之所改良之皮黃，固亦當與昆劇同處於歷史的藝術之地位」，並認定傳統戲劇到一定時期應該被「西洋式」戲劇所代替。[21]

「西洋式」戲劇所攜帶的現代性對於舊時代、舊文學的衝擊力，逐漸為當時的學者、觀眾、作家所逐漸認可。五四運動之後，各種進步色彩的話劇社、戲劇文學作品如雨後春筍般湧現，學生演劇與緊隨其後的工人演劇與這些進步劇社相配合，成為了當時話劇界最大的三股進步力量。舞臺演出自然而然也就構成了當時文化革命運動最大的進步力量之一。

話劇作為中國現代文學史的開山之筆，就憑這一點，話劇史在現代文學史中的地位就絲毫不遜色於小說史、散文史、詩歌史甚至於其後的電影史等其他文體史的地位。筆者在這裡僅僅只是從現代文學史與古代文學史的分野、現代文學史的發軔來初步探討這個問題。當然，對於戲劇在現代史其他時間段所扮演的重要角色，更是值得在後文探討的。

---

[20] 劉彥君，廖奔，〈中國話劇百年足跡〉，《光明日報》，2007 年 3 月 30 日。
[21] 唐弢，嚴家炎，《中國現代文學史‧上冊》，16 頁，人民文學出版社，1979 年。

四、管窺文學史書寫的「現代性」

就目前看來，當下文學史界對於現代文學史的書寫，更多的停留在「革命史體系」這個話語邏輯之上。「革命史的合理性和合法性，並不一定能成為文學史和學術史的全部法則。」[22]在這樣一個情況下，現代文學史的書寫被提到了一個商榷的位置之上。「五四－左聯－根據地文學」成為一條貫穿文學史書寫的主線。「即使是以『反帝反封建』面目出現的東西，也未必都是現代的」[23]。在革命性大於現代性的書寫邏輯下，特別是在早期現代文學史的研究中，戲劇的價值取向與書寫邏輯也被「革命性」所閹割了。

在文學史的書寫中，按照「作家－作品－思潮」這種以點帶面的一貫編排方式並無法突顯戲劇的存在價值，而是將戲劇、戲曲、電影等文學形式籠統地處理化了，成為了一鍋大雜燴。忽略了戲劇的存在價值，實質上就是忽略了戲劇的現代性意義，也就等於是將現代文學史中的「現代性」抹煞了。談到現代文學史，就不得不談到戲劇這條線，但是把這條線隱藏於其他的文體史之下，則是一種對於現代性的無意識掩飾。話劇的精神，其本質實際上就是一種帶有啟蒙思想的、現代性的、人本意識的表達。所以說，就現代文學史的書寫邏輯而言，對於話劇史的書寫，都是在整個結構中具有相

---

[22] 張福貴，〈革命史體系與現代文學史寫作的邏輯缺失〉，《吉林大學學報‧社會科學版》，第 94 頁，2006 年第 5 期。

[23] 馬俊山，〈論中國話劇現代性的生成機制——以「演劇職業化」運動為支點的考察〉，《南京大學學報‧哲社版》，第 106 頁，2006 年 1 月期。

當重要地位的。可以說，研究者們感知到了戲劇的現代性，但並沒有徹底探索到話劇史與現代文學史的深層次的邏輯關係。

產生了話劇之後的現代文學史，即使在對於作家、作品、文學思潮進行書寫的同時，實質上或多或少地都將話劇史的成分作為了較為重要的考量對象。站在一個全新的角度與高度，重新審視現代文學史中對於現代性與啟蒙意識的重視程度與理解深度。而作為現代性發端的話劇史，則成為了考量現代文學史的一個重要依據。曾經對於文學史關注的傳統觀點則更著重於對於文學史中的某個人與某個文本的研究，而忽略了整體性的考察。

這就導致了戲劇這種「群體性」構建的文學體裁很難納入中國現代文學史的主流批評視野，在戲劇體系中，導演、演員、編劇甚至評論家們各司其責，群策群力，一部優秀的戲劇，很難說是屬於具體哪一個人的成果。但長期以來的文學史卻習慣於以「以點帶面」的書寫形式排擠戲劇的書寫特徵。畢竟越是偉大的作品，越是與集體主體息息相關。「透過作品與集體主體的關係，而不是其與作者的關係，才能以一種科學的限定方式來理解作品。」[24]

弔詭的是，事關現代文學史中話劇史的書寫，「革命性」是與「現代性」在某種層面上是有一層契合因素的。「革命性」的過程就是履行「現代性」，並把「現代性」作為一種手段、工具。而話劇史的結構原則，則是發軔於「現代性」但是旋即又成為被「革命性」所操持的一種體系。所以，我們在書寫現代文學史的時候，對於話劇史的態度與書寫方式實際上也就是我們對於現代文學史本

---

[24] [法]呂西安・戈德曼：《文學社會學方法論》，第174頁，牛宏寶譯，工人出版社，1989年。

質的認知程度。在書寫現代文學史的時候，我們可以給現代文學史無限的張力與敘述空間，但是我們卻不能在這樣的一種書寫姿態下去探討屬於話劇史的話語維度。因為主張個體的現代文學史可以附庸於業已存在的社會形態，但是主張集體的話劇史卻是相對獨立的。站在整整中國話劇百年的當下，我們應該有針對性地將話劇史納入「現代性」文體史的探討範疇當中來。

五、話劇史研究低潮的原因初探

戲劇學者曾紀鑫曾撰文稱，話劇藝術對中國最大的貢獻，當在於通過自身獨特的形式，自覺或不自覺參與了社會對「古老陳舊思維模式及民族心理結構」的「整體性改造」，這種改造的本質，就是一種關於文學史的「現代性」改良。[25]而在這樣一個基於「現代性」的學術框架下，話劇史作為一種專門史的研究，卻沒有受到「現代性」的關注。僅僅就建國以來的話劇史編寫來看，全國僅有三部正式出版的話劇史[26]，且這三部話劇史與大部分話劇史資料的編寫，也只是集中於中國藝術研究院話劇研究所這個部門當中，「一個小小的研究所，十幾年推出這麼一組史著，是蔚然可觀的，是不可低估的一批成果」[27]。我們在這裡可以清楚的看到，話劇史並非

---

[25] 曾紀鑫，《沒有終點的涅槃：中國戲劇發展與反思》，第 198 頁，山東文藝出版社，2004 年。

[26] 這三部話劇史分別為郭富民的《插圖中國話劇史》（濟南出版社，2003 年），王衛國，宋寶珍，張耀傑的《中國話劇史》（文化藝術出版社，1998 年）與柏彬的《中國話劇史稿》（上海翻譯出版公司，1991 年）。

[27] 田本相，《中國話劇史‧序言》，王衛國，宋寶珍，張耀傑，《中國話劇史》，

如其他學科史、藝術門類史一樣，在全國各大高校均獲得編寫的機會與研究的重視。但就與其「二元並生」的戲曲而言，關於「戲曲史」的編寫竟有四十二種之多，且其中不乏周貽白等名家的大手筆之作，也不乏青木正兒、田仲一成這樣的異域學者獨特視野的真知灼見。即使是視野相對狹窄的京劇史，也有數十部「京劇史」出版。可以這樣說，與戲曲史相比，話劇史幾乎淪落到了不忍卒觀的冷清地步。既然具備「現代性」的中國話劇，為何在日益現代化的中國，卻無法受到學術界應有的關注？

筆者認為，任何一種「現代性」文體史的研究與關注，都是與這個文體當下業已存在的狀況——文本的書寫與接受息息相關的，如果只停留於現代史的範疇觀照整體話劇史研究，自然就只能得出片面的、局部的結論。話劇作為一種肇始於現代的表演性在場藝術，要想探求其自身歷史的發展、研究狀況與歷史規律，就不得不從其當下的接受程度與書寫狀況來考量。縱觀當下話劇史研究，其降溫甚至「長期低溫」並非是由於戲劇自身的「小眾」與「夕陽藝術」，也並非是文學史學者對於現代性的忽視，而是由於話劇史在這百年中所形成自己的美學視野、表現形式與傳播維度這三個原因所決定的。

首先是美學視野的單一化。在研究話劇的時候，我們須知一點，那就是話劇不是從哪個國家照搬過來的，而是將西方的歌劇、舞劇等形式相結合，根據社會改良而形成的「藝術工具」。「西洋底藝術形式強姦了觀看戲曲的民眾，『文明新戲』就是所生出的雜種。」[28]

第 1 頁，文化藝術出版社，1998 年。

[28] 吳宓，〈我之新劇觀〉，《學衡》雜誌，第 32 頁，1923 年。

這種順應時勢而營造出的戲劇形式，並非是藝術自然發展的結果。
而戲劇家張庚則是更直接地定義，「近五十年中國話劇的歷史主要
不是劇場藝術發展的歷史，而是話劇運動如何配合革命運動而發展
的歷史」[29]。究其原因何在？原因在於中國的話劇所遵循的是斯坦
尼拉夫斯基寫實戲劇觀與現實主義的演劇原則，本身就具有很強的
社會針對性與對社會的反映能力。在這樣情況下發展起來的藝術形
式，肯定喪失了其開闊的美學視野。[30]

其次是表現形式的僵化與單調。我們不難看到，話劇的劇作
家、導演幾乎完全陷入了傳統戲曲的創作桎梏。作為從語言、情節
到導演出形式「全新」的話劇而言，其創新難度竟然不亞於傳統戲
曲的現代性開掘。戲劇界普遍認為，話劇作品的推陳出新成為了桎
梏話劇發展的最大問題。即使話劇想火爆全國，依靠的也不是話劇
的自身力量，而是對於名家作品的「明星版」再演出。而西方的舞
臺藝術，則年年不斷推陳出新。作為開創「現代性」的話劇，而今
卻成了固守經典、老調重彈的藝術形式。這也是話劇為何出現研究
低潮的重要原因。

最後，傳播維度的日趨狹窄也成為了影響話劇進入批評視野的
重要桎梏。一種戲劇，一旦缺失了觀眾，就自然而然沒有了審美維
度可言。從「知識份子──小劇場」這個模式我們就能看出，百年。
當一種文藝成為特定人群的審美癖好或實驗的一種形式的時候，文

---

[29] 張庚，〈半個世紀的戰鬥經歷〉，《戲劇論叢・三》，第 103 頁，中國戲劇出
版社，1957 年。

[30] 韓晗，〈從當下中國戲劇的現狀試論其發展前景〉，《四川戲劇》，17 頁，2006
年 2 月。

藝也就自然而然地失去了自己的存在價值。作為研究形式的一種，我們應該去公正地審視話劇的實際歷史地位與文學史「現代性」研究的闡釋關係，但是我們也應該對已經發展整整百年的話劇史以一個客觀的、歷史性的交待。

原文發表於《西南民族大學學報》二〇〇八年第五期
並被《人大複印資料‧現當代文學卷》二〇〇八年十月全文轉載
並獲第六屆中國戲劇文學獎理論批評一等獎

重構「對話式」的文學批評

──對多媒體語境下戲劇批評的呼喚

　　當下的文學批評看似已經走到了一個瓶頸，究竟我們需要什麼樣的文學評論、藝術評論？自九十年代以來，這個問題一直貫穿於我們的報章、雜誌與著作之中。呼喚重寫文學史，但迄今為止仍未看到一部令人滿意的文學史，呼喚一種新的文學批評，可是就當下而言，文學批評似乎已經逐漸落入套一個模式化的窠臼，即從文學現象到作品本體，再到範本式的批評、評論。周而復始，幾乎篇篇如此。如何讓文學批評適應當代社會的發展趨勢，從而探討出文學藝術所存在的終極價值？這個問題似乎已經構成了探求當代文學批評的一個重要質詢。

　　但是，究竟如何具體從何處來召喚一種新的批評，或者說，到底哪種批評的重建，可以讓我們進入到一種全新的審讀領域，從而建立起「一個自由、公正且負責任的文學評論圈」？（別林斯基語）

一

　　對於多媒體語境下戲劇批評的呼喚，本身就是筆者近年來致力於探求的一種批評態度。也是筆者在戲劇戲曲學、文學理論與

傳播學這三個學科領域間進行探索的一個交界點。筆者認為，在這個臨界點上，完全有足夠的空間去體認文學批評在當下所遇到的諸狀況。值得注意的是，對於戲劇戲曲學普遍不景氣的現狀，這類批評在解決此類問題上，亦有可能提供一些可資參照的方法論意義。

那麼，什麼是多媒體語境下的戲劇批評呢？筆者認為，多媒體語境下的戲劇批評，從宏觀上來說，應該在範疇下具備如下幾個較為顯著的文化特質。

這種批評對象的內涵並非是傳統的文本，而是一種以文學文本為載體的藝術形式。對於這類批評而言，避免了直接從文本出發的主觀性，尤其是在出版產業化、寫作功利化的當下，從文本出發、直接性批評更是暴露出來了各種各樣的問題。從經過改編過的冷門的「劇作」出發，對於解決這類問題更是有著直接性的意義與價值。尤其對於某些非新著的戲劇作品而言，對這類批評的鼓勵，更容易接近文學批評的本質。

多媒體的語境的文本實際上包含著三重命題。第一是隨著科技的迅速發展，文學載體再也不再是簡單的紙筆關係，亦不再是寫作與閱讀的關係，而是一種構建在文本深層次邏輯中的隱喻內涵（Metaphor connotation），在讀圖時代的語境中，評論家與讀者越來越發現了作者作為符號對於文本內涵解讀的一種干預，擺脫「純文本／作者」的二元束縛。除此之外的第二層命題則是在多媒體語境中的文學作品存在更多可闡釋的「空白」，即伊瑟爾所稱的「召喚結構」（Appeal structure）。趙毅衡認為，在任何一個文本中分層敘述都是可以擁有多重解釋維度並具備闡釋空間的。在多媒體語境

下，文本的生產、傳播與接受本身是多重、多元的，而不是單一的，其可闡釋的空間也就更大。

最後一重命題便是對於多媒體語境下的戲劇存在價值的考量，實際上其與現代性文化的共時性存在有著必然的關係，從本質上看，這也是建構於其上戲劇批評的文化特質。當戲劇的審美功能性通過多媒體形式進行傳達時，文學邏輯隨即進入到了讀圖時代的「解碼」過程。

對於多媒體中文本的美學分析研究不算是一個新的課題，無論是西方的文論家，還是東方的批評家，都有較深的研究與較廣的涉獵，但是對於多媒體語境下的戲劇分析，卻一直是一個冷門。正如姚斯所說，「戲劇是更高一層的文學樣式」，在多媒體語境下對戲劇文本進行深入的剖析，其影響力與評論深度是顯然遠超文學價值的。

二

自上個世紀六十年代尤其是列伏斐爾的日常生活審美化原則逐步進入到了文學評論界的視野之後，對於文本的評論再也不是一成不變的書評、散文評論與劇評，而將這種體認的眼光延伸到了電影、電視、互聯網甚至建築、文化現象等多重客體之中。如何透過文學現象更透徹、更客觀地接觸到深層次的文學本質，構成一種全維度的文學批評？

巴赫金認為，正常的文學評論，應該是一種「對話式」的，這種對話並不是一般意義上的「對話」（dialogue），而是一種類似於

柏拉圖對話錄式的「溝通」（exchange）。後者與前者相比，最大的意義在於每一次對話都能比前一次更接近邏輯的本原。周安華也認為，「生命、哲學與邏輯」構成了文學批評尤其是多媒體視域下文學批評的邏輯結構。筆者主張，文學批評最大的意義並不是在於對於某一具體文本的分析、歸納與總結，而在於對於文本以外文學內涵——即生命終極價值、哲學存在與邏輯問題的訴求。

多媒體與戲劇的結合，實際上最大的意義在於將一種生產形式業已變形的文學文本在傳播方式上進行再一次的拓展，即從形式到內容的變化。英加登認為，文學的生產傳播與文學自身的內涵決定了文學的深層次意義。戲劇作為一種傳統的在場的表演形式，與多媒體的非線性傳播相結合，不但消解其儀式性，更凸顯了其文本性的審讀意義。通過多媒體語境下戲劇形式的審認，在對文學批評意義的重構上，有著「對話式」的探求意義。

筆者認為，對於多媒體語境下戲劇的批評本身就具備著一種前瞻性，首先，這種批評之前幾乎是空白的，自然就能避免過熱而在話語上出現偏頗失衡的問題。戲劇批評確實是文學批評最為重要的一種形式，但傳統的戲劇批評已經顯得有些老套、過時，對於當下話劇的批評，又遲遲難以出現到位、及時的評論之作，將戲劇批評框定到多媒體的語境下，顯然是值得關注、嘗試的。

其次，多媒體語境下的戲劇，既包括戲劇在廣播、影視與互聯網諸多媒介下的傳播，亦包括戲劇形態與這些媒介的融合所形成的一種新體例，對於這類體例的關注本身是對於大眾媒介與純文化形態（或曰俗文學／雅文化）的關係探索。麥克盧漢之前，大眾媒介對社會、大眾並不構成影響，文學的意義不但在於審美性，更在於

功能性的執行。但是在大眾媒介的意義徹底獲得凸顯之後，文學的功能性逐漸被迫讓位給了大眾媒介。理解大眾媒介下文化形態的發生，實際上也是對文學與媒介之間傳播功能的一個探討。

最後的關鍵之處在於，對於多媒體語境下的戲劇形態而言，一切的實踐也都是嘗試，建立在嘗試之上的批評更接近批評的藝術本體。戲劇從一種古老的儀式發展到文學，再逐漸成為一種藝術體例，這其中的過程實際上是一個是游離於「主文化／亞文化」的漸變。當然，多媒體語境下去做戲劇探索，目的是為了拓寬戲劇的接受維度。但筆者認為，這種探索的意義在客觀上更在於對於文學本體存在形式的深層次研究。

三

前文所述的只是對於這種批評的方法論價值與現實意義，但是這類批評與傳統的文學批評區別究竟在何處？這類批評的價值又應該通過什麼樣的批評形態予以體現，這又是一個非常重要的問題。

與傳統小說、散文、詩歌及戲劇評論不同，多媒體語境下的戲劇批評看似是一個很狹小的批評維度，傳統的批評法則未必在這裡都適用。尤其是鑒賞式的評論在此並不能發揮其批評的意義。尤其是從傳統文本出發的現實主義批評、類型批評與作者批評，在這裡都起不到任何有意義的作用。

筆者認為，當下文學批評界最大的問題就是「撲空」的問題，即陳曉明所稱的批評尺度與批評範疇的能指不明和所指缺失。詹明

信認為，批評的任務，「就是根據特定藝術作品重新獲得與它相適應的那種終極真實」。而就當下而言，文學批評界所關注的對象，並不是簡單、獨立的文本，而是文本周圍的文化語境與文本之上的文化現象。在沒有完全建立起文化批評理論體系的中國文學批評界，在批評上難免出現「撲空」的局面，即批評並不能完全地解讀現象。因此，這一切導致了評論家陷入了相對尷尬的境地：一方面，批評身份的合法性、合理性遭受到了質疑，一方面，評論與現象之間的關係也變得相對微妙。當批評既不能解讀本質，也不能解讀現象時，那麼批評的出路究竟又在何方？

多媒體語境下的戲劇批評，實際上能夠在範疇上將文學批評進行一種限定。即賦予文學批評可以建構於文化批評之上的合法性，當然這並非是將文化研究引入文學批評並將其合法化。而是在以俗文化為核心的大眾傳媒語境下，試圖去解讀一種以亞文化形式存在的雅文化形態。

對於多媒體語境下戲劇形態的批評，有利於去審理文學批評的本質性問題。因為當下的文學批評已經出現了泛文化研究的趨勢，多媒體語境下的戲劇，實際上是一種最接近文學本質的文化形態（culture style）。當下文論界對於新一種文學批評的建構，既意圖超越邏各斯中心主義（logo centrism），也意圖超越「人」的中心主義。對於多媒體這個既具備現代性，又具備世界性的傳播手段下，審讀戲劇這種獨特的文本本身就有對於文學批評進行重構的價值意味。

從文化研究的角度來看，多媒體語境下的戲劇實際上已經到了亞文化的邊緣，即與大眾文化、精英文化、市民文化都出現了背離，

成為了一個獨特存在的文化樣式。這與當下戲劇的存在形式又是何其地相似。一種文學藝術樣式的存在，必須要以相對應的批評形態與之相適應。力圖構建一種以多媒體語境下戲劇存在為對象的批評，對於解決當下戲劇所遇到的瓶頸困境，實際上也是非常有著現實意義的。

值得關注之處還在於，在「讀圖時代」，大量的文學評論開始轉向了影評、熒評以及暢銷書的書評，這些評論是否具備解讀文本甚至解讀文學本體存在形式的能力？我們既然要建構一種新的文學批評，那麼我們在無法重建文學精神的前提下，又應該如何去重構一種批評體系賴以生存的文學形式作為其土壤？這些問題實際上在某種形式上集體性地構成了對於這個問題深層次的邏輯追問。

四

史黛絲・吉利斯在《電腦化批評》中認為，在布萊恩・麥克黑爾所稱的「後電腦化」的時代中，批評家們呈現出了一種「電腦化批評」（Computerization criticism）的具體趨勢，即對於技術文化產生、技術自治可能性恐懼與控制論權利共謀的關注，簡而言之，批評家們開始不斷以各種形式試圖釐清自身在觀察文本過程中的邏輯悖論。

批評既要關注與批評對象，即批評什麼，還要致力於對批評本體的探求，即怎麼批評。兩者實際上在整個批評過程中構成了一種二元的博弈關係。在選定了批評對象之後，對於批評形式的探索，仍然是一個非常重要的問題。

　　從上個世紀九十年代以來，逐漸興起的文化批評變成了繼「政治／社會」批評、審美批評之後的第三次文藝批評轉型。將這類批評形式引入到純文本的批評，則會出現「撲空」局面，究竟建立在大眾傳媒、讀圖解碼與多媒體語境之上的文學文化存在，應該以何樣的批評形式與之適應？或是說，當下時興的潮流批評形式，究竟該去面對何樣的文學文本？筆者認為，如下幾種批評形式，對於多媒體語境下的戲劇，有著解讀、釐清與進一步審理的作用及意義，即能起到「對話性」的作用。

　　一方面是方法論的批評，即將符號學、敘事學與結構主義批評等「方法論」引入到多媒體語境下的戲劇批評當中。可以這樣說，就當下我國的文學批評現狀而言，文學批評跟上了世界性的批評語境，但是戲劇批評卻一度滯後，甚至還停留在革命現實主義、浪漫主義的批評維度上，海量的劇評中鮮有現代性意識之作，至於傳統戲曲評論，更是與海外戲曲研究的文化深度相差極大。

　　我們當下所流行的批評，慣用的術語來源於當代西方批評界，再追根溯源又是緣自於文化研究之後的女性主義、解構主義、怪異理論與新形式主義文論（包括詩學批評）等一系列批評理論，令人目不暇接。兼之近年來國際文論界又異常熱鬧，常常是歐美理論界一陣風，大陸批評界立刻三尺浪，批評家往往不能很好地把握批評的方向——這樣導致的直接結果就是批評的指涉分離。說到底，我們把批評的目光究竟該置於何處？

　　別林斯基認為，所謂批評，目的在於揭示文學深層次邏輯的真實。源自於文化研究的批評模式，必須最後還是要回到文化本身。意圖重構「對話式」的批評模式，要探索的終極批評意義還是在現

有的批評存在下，確立一種批評的目標。從這點來看，方法論意義又變得十分重要。

　　一方面就是意識形態的批評，這類批評方式並不能透過文本進行本質的梳理，而是建構於大眾文化、後殖民主義與讀者反映之上的宏觀批評，前一方面是基於文本而後一方面則是基於文本存在的形式與語境，後者與前者最大的區別在於遠離文本（text）而趨近文化（culture），從而提倡文化本體論的批評觀，故前一方面被稱為是「結構性」（Structural）的批評，而後一方面則被成為是「功能性」（Functional）的批評。就這一方面而言，更多的是對於多媒體語境下戲劇的關注與其文化能指在改變傳播形式後所呈現出來的文化形態。

　　批評的目的是為了發現文學形態所呈現的問題，並試圖解讀、解決問題，這是批評的關鍵所在。熱拉爾・熱奈特認為，解讀一個文本的關鍵便是從文本所存在的語境中獲取與之適應的空間與資源。大眾傳媒與文本資源呈共生（Symbiosis）狀態時，對於大眾傳媒語境的考量則構成了對於文本資源研究的另一種方式。

　　當以互聯網、衛星電視、3G手機以及電子雜誌為代表的多媒體變成大眾傳媒主力的時候，構建於其上的文本就暴露出了敘事的多重性，即圖像、動畫、小說、散文、詩歌、戲劇甚至廣告都可以使其成為文本載體。簡而言之，即「圖」、「文」、「音」三種敘事形態既可以共生於同一媒體之上，也可以分別存在。究其中的敘事關係而言，戲劇真正地在範疇構成了三位一體的文本——包括廣告、動畫，都不一定非要三者同時存在。

　　這就是從功能性批評出發對於多媒體語境下戲劇研究重要性的審認，那麼，我們又應該從戲劇的哪些方面來切入呢？

五

　　批評的使命就是使問題暴露並予以邏輯上的批評，這是文學批評一直以來的使命。尤其是「對話式」的批評，更是一個無限接近真理，並對真理進行終極追問的過程。在多媒體語境下的戲劇之上建立一種新的文學批評樣式，實際上是一個大膽的嘗試。拙以為，其入手點、著眼點應該是如下幾個方面。

　　首先是對於多媒體語境下當下戲劇生存困境尤其是戲劇與多媒體混合之後生成亞文化的形態，這種形態的本質就是在大眾傳媒構成社會意識形態主導。柯林・麥克凱伯認為，在大眾傳媒的語境下，任何現代性文本──自然也包括多媒體語境下戲劇，都存在著兩個系統，一個是工業系統，一個是文化系統，文化研究者們往往關注於工業系統即工具、技術對於文化的滲透與影響，即認同文本是工業與文化權力共謀的結果。戲劇作為雅文學形態，在以多媒體為具體形態大眾媒介的擠壓下變形、扭曲，我們如何對於進入亞文化的戲劇進行重新的闡釋與解構，發現戲劇作為一種文學文本的異化形態與研究價值，這便構成了我們從事批評的基本出發點。

　　筆者認為，就當下而言，多媒體語境下的戲劇存在著從本質到範疇的三重批評要素。

　　當下戲劇的最大問題是受眾貧乏的問題，但是大眾媒介卻是以受眾的接受為主。這個矛盾促使戲劇在多媒體語境下陷入了「大眾媒介，小眾傳播」的尷尬境地。如何使戲劇在這樣一個境地中重塑自我，成為了當前藝術傳播學所關注的重點問題之一。

　　戲劇的功能的重構便在於對於受眾貧乏這一問題的再認識，批評的目光自然也應該投射於戲劇受眾這一層面。戲劇文本緣何缺少必然的文學接受群體？如何將大眾媒體與戲劇存在有機地結合到一起來，這是試圖突破戲劇當下接受瓶頸的一個重要因素。一種具體文化形態的形成存在著多重關係的共同性影響，在大眾傳媒時代，受眾成為了一個關鍵性的因素。

　　目前戲劇所存在的本質問題仍不容忽視，即優秀劇作的缺乏導致有力批評的含混，進而將整個文學體系的存在形式推向了一個毫無自審意識的「文學場域」，在這個文學場域中，最大的問題仍是文學資源的不對等，即文學場域。但是在多媒體語境下戲劇這個特殊的語境下，文本的生產既不是為了傳播，也不是為了批評，而是在於一切非文學化的因素。原本是「不可複製、在場接受」為主要特徵的戲劇表演也進入了文化工業的體系，文化象商品般大量生產，消費的受眾在接受文化的過程中，會以「審美愉悅」為主，這與早期西方戲劇的「淨化說」與中國戲劇的「風化體」謬之千里。

　　當創作不能接近文學本質時，唯有靠批評來力圖去釐清其深層次邏輯的含義，並促使其更加無限地接近於文學的本質。戲劇在多媒體語境下在形式上獲得了巨大的展示，聲光電影工業生產滿足了戲劇的娛樂符號，但是戲劇與電視、網路甚至 3G 技術結合到一起後，是否能夠在藝術本質上達到一種意識形態的共謀？換言之，先

進的技術、一流的傳播形式與廣泛的受眾，能拍出好的畫面，做出之前未能有過的特技，但是否就意味著能夠推出好的劇本？製造真正意義上的經典？甚至催生出更為有力的批評？當然，這個問題仍然也存在於文學創作當中——從這點看，這也是當下文藝批評較為缺乏的一面。

在多媒體語境下的戲劇下重構「對話式」的文學批評，其當務之急的問題則是對於這種戲劇（或文學）存在形式的「重構」，即思考其最重要的問題所在。筆者認為，多媒體語境下戲劇所存在的最大問題即如何通過大眾傳播來將戲劇這種形式的進行延續，在大眾文化的語境下，對於一些文學本體生存狀態的考量尤其重要。

阿多諾在《文化工業的再思》中認為，在大眾文化的生產中，最大的能指是對於「高等藝術」與「低層藝術」（或曰主流／邊緣藝術）的區別，文化工業消弭了這兩者之間的不同，將所有的藝術本體都商品化。綜上所述，文學批評的意義似乎更在於從商品中將雅俗剝離，重新還原文學的真實。

戲劇作為一種雅文學，在多媒體的語境下，自然也會呈現出被異化之後的形態——如電視戲曲、廣播戲曲、互聯網戲曲等形式，包括在奧運開幕式、各種禮儀活動中以聲光電影等形式包裝出來的文化形式。這些形式有些是與戲劇本質靠近的雅文學（比如說紀錄片、精品戲劇節目、戲劇演出直播等），有些則是俗文學（比如說戲劇選秀、娛樂節目等），雖然他們面對受眾的形式都是文化商品，且傳播方式都是散播而不是分眾傳播。但是我們在做文藝評論時，一定要分清這兩者之間的關係，釐清兩者之間的本質區別。

結語

我們需要什麼樣文學評論？這是筆者在近來一直在探求的一個問題。筆者也認為，應該從「文本」（text）的高度上升到「文體」（style）的高度，而不是簡單地、「擊鼓傳花」般地（朱大可語）討論如何批評，也不是爭辯該批評什麼，而是從批評對象的變化，歸納出批評的演變趨勢與規律。

去年年底，筆者曾就此問題就教於當代新左派著名思想家柯林‧斯派克思教授（Colin Sparks），柯林教授也贊同筆者的觀點，即對文學批評的研究，應該建立於對某一種新生的文學本體（或文體）的研究批評之上。

以多媒體語境下的戲劇文本作為研究對象，筆者大致得出如何重構「對話式」文學批評的方式，即在重構一種文學批評體系時，批評者應該觀照於被批評的文本在語境下的變形。本文中的「語境」當然地能指是大眾媒介，自然也包括以多媒體為主的大眾媒介。毫無疑問，這篇文章只是一個在方法論歸納總結上的嘗試，筆者在今後還將關注於當代文體學的變遷、文化體例存在形式的變化以及在全球化語境下大眾文化、亞文化、雅文化所遭遇不同層次的傳播、變形，以及其後深層次的邏輯規律。這對於釐清當下以及今後文學批評的走向，自是大有裨益的。

原文發表於《雪蓮》，二〇〇八年第六期

寄寓於表演中的兩種敘事

——試從兩種戲劇模式的分野論中國戲劇的發生與形成

　　具有幾千年的中國戲劇表演源遠流長，至今為止已經發展成為了兩種截然不同的戲劇表演模式，一類是具備觀賞性的一般性戲劇，即王國維先生所說的「歌舞演故事」，另一種則是日本學者田仲一成先生所關注的，具備儀式性的中國民間巫儺表演。學術界一般認為，中國的戲劇起源於儀式性的巫儺表演，但是在發展的過程中如何分裂出觀賞性的表演呢？筆者試圖在戲劇史的角度，從相關演劇理論出發，來闡釋中國戲劇從娛神走向娛人的原因與目的。

一、不是戲劇的戲劇發生

　　上個世紀三十年代左右，面對日漸繁榮的中國戲劇表演與日漸成熟的中國戲劇理論，中國的戲劇史家開始關注中國戲劇的起源問題。最先提出中國戲劇起源問題的，是現代學術創始人王國維先生，他在《宋元戲曲考》一書中如是主張：

群巫之中，必有象神之衣服神貌動作者……（這就是）後世
戲劇之萌芽。

看似短短的一句話，實際上為後來研究中國戲劇起源的學者都
劃定了一個界限──即中國戲劇的起源，並非是清代納蘭性德所主
張的「梁時大雲之樂」的宮廷樂舞，也不是舊文學家們所主張的「優
孟衣冠」，看似具有強烈觀賞性的中國戲劇，其起源竟是沒有觀賞
性但卻具備儀式性的巫儺表演。但是在王國維之後，著名作家、學
者許地山則另闢蹊徑，稱中國戲劇的形成受到的乃是梵劇「點點滴
滴」的影響。當然，在許地山之前，王國維先生就已經在《宋元戲
曲考》中稱「蓋魏齊周三朝，皆以外族入主中國……此時外族戲劇，
當與之俱入中國。」這些觀點，著名戲劇史家周貽白先生都做了非
常完備的總結與概述。但是值得注意的是，其中某些觀點，一直影
響到現在的戲劇史界。

山西師範大學教授李強在《中西戲劇文化交流史》一書中，如
是寫道：

審視歷史，與我國古典戲曲藝術產生真正文化交流的關係
的，則是古希臘悲、喜劇嫡傳藝術古羅馬戲劇……我們發
現，古希臘大型悲劇很少能在東方亞洲諸國上演與保存，而
能以文字形式得以傳世的大多是被亞里斯多德在《詩學》中
稱其為「以低級表演的臨時口占發展出來的」小型風俗喜劇
或諷刺滑稽戲……在古希臘，古羅馬原始酒神祭祀的基礎上

形成的各種歌舞戲劇民俗，隨著東西方文化交流，而遍及歐、亞、非各地……他（王國維）所述的「外族」與「外國戲劇」理所當然地應囊括東漸的古希臘、羅馬諸國與西方種族，以及他們所攜入的古典悲、喜劇藝術[1]。

正如周貽白先生所說，中國的戲劇並非是起源於「一個源頭」的藝術。戲劇的出現，實際上和其他藝術的起源一樣，伴隨著人與人溝通形式與內容的進一步深化，夾雜著非常獨特的社會背景和異常綜合的文化因素。恩格斯稱，「伴隨著商業和手工業，最後出現了藝術和科學」。中國的戲劇也不例外，從近一百年來中國戲劇史家們的研究來看，實際上已經窺見到了中國的戲劇起源與形成。筆者認為，中國的戲劇實際上有兩次起源，一次是巫儺的產生，構成儀式性的戲劇形式；一次則是劇場文化的產生，從巫儺表演中分裂出了真正觀演意義上的戲劇。在本文中，筆者暫引許地山先生的名詞，姑且將前一次產生稱為中國戲劇的「起源」，而後者則稱為中國戲劇的「形成」。

和世界其他國家一樣，後來形成的中國戲劇不但具備戲劇最基本的觀演特徵，更是具備戲劇其他的表現形式的特徵。正如佛洛德所說，戲劇基本的先決條件，自然包括「不能給觀眾造成痛苦」、「必須是一個包含衝突的事件」、「一種讓觀眾理解的衝動」，戲劇理論學者施旭升認為「演員」、「劇本」與「劇場」是構成戲劇必不可少的三要素，而法國戲劇家貝克則稱，戲劇的要素只有兩個，一個是「動作」，另一個則是「感情」。

---

[1]　李強，《中西戲劇文化交流史》，人民音樂出版社，2005 年。

毫無疑問，只有觀賞性的戲劇才能具備如上所說的戲劇特徵，而滲透在這些特徵之內的最根本戲劇審美原則，就是關於戲劇衝突與戲劇情節的表現，即所謂的「喜劇／悲劇」觀念。這些要素的表現，在遠古以及現在的儺戲中，並不能稱其為要素，甚至並不存在。我們清楚地知曉，遠古的戲劇表演，與我們當下所稱的「戲劇」，在概念的內涵上並不同一。講究儀式性而並不注重觀賞性的儺戲，其特徵只是跪拜、香火、祭品與傾灑雞血、酒菜等動作，雖然也是程式性的，但是卻和我們常說的中國戲劇程式性，並不一樣。

我們可以說，中國戲劇對於程式的講求可能源自於原始戲劇中較為苛刻的原始巫儺儀式，但是又必須看到，這種儀式所包容的內涵，與目前我們所看到的中國戲劇，則完全截然不同。日本戲曲理論家田仲一成先生在《中國的宗族與戲劇》一書中，曾如是闡述：

> 農村的祭祀戲劇，是一種社會制度，因此它具備社會性功能……祭祀戲劇的社會性功能，與其說是娛樂，不如說是通過娛樂來強化或是維繫農村的社會組織。由於祭祀戲劇在祭祀集團內部體現出的社會功能，現代與過去沒有什麼不同。所以，研究現狀就可以推想歷史，彌補了現有歷史文獻的不足。由於祭祀戲劇是靠祭司組織而進行的，所以祭祀組織的性質就直接規定了祭祀戲劇的性質[2]。

---

[2]　田仲一成，《中國的宗族與戲劇》，上海古籍出版社，1992 年。

　　通過這樣的對比分析，我們清楚地看到兩個存在的客觀現實。第一，當下中國的戲劇確實存在著「舞臺戲劇」與「祭祀戲劇」的分野；第二，「祭祀戲劇」與中國遠古的戲劇起源——即巫儺戲劇是一脈相承的，並且在數千年的發展過程中並沒有什麼大的變化與轉折，目前我們所看到的「祭祀戲劇」基本上可以認定為是中國原始戲劇的「活化石」。

　　既然如此，我們就完全可以認定一點，那就是在早期中國戲劇史，確實曾經出現過一個分裂，即從一元的儀式性戲劇到二元的「儀式／觀賞性」戲劇的分裂。但是值得注意的是，雖然戲劇在進化中出現了分裂，但是並未出現斷層，卻是涇渭分明的兩條線索，一條出現在城市，而另一條出現在鄉村，儘管兩條都是在潛意識裡受到中國傳統宗法制度、家族制度的決定與制約。以致於後來出現的宋元戲劇中，都帶有明顯的巫儺戲劇意識的痕跡。甚至中國傳統戲劇中「一起一伏」的情節推演形式，都與傳統的、民俗的、帶有巫儺意識的心理機制有著密不可分的聯繫。可以這樣說，無論是「觀賞性戲劇」還是「儀式性戲劇」都帶有中華民族特有的風格與氣派，他們都是中國戲劇體系的重要組成。戲劇史學家周華斌教授曾就此下定義，「傳統戲劇形態，實際上是多元並存的，除了作為『戲曲』的主體以外，還呈現包括原始性戲劇）宗教儀式戲劇，節令民俗戲劇（如儺戲、廟戲、社火戲劇）在內的多種形態」。英國學者弗蘭普斯‧愛德華在《儀式與戲劇》中也主張研究戲劇的起源必須要從儀式談起，因為「儀式形成了所有流行劇場性娛樂的基礎，和戲劇藝術本身賴以生長的根源」。

但是我們仍然要看到，儘管在深處的心理機制有相同之處，雖然也都是戲劇表演，但是兩者的敘事模式則是完全兩樣的，明顯帶有分裂的痕跡。那麼是什麼原因導致中國戲劇出現這樣的分裂呢？

二、三重因素導致了戲劇「形成」

關於這種分裂，早在上個世紀三十年代，許地山先生等一批中國戲劇史專家就已經窺探出來。許地山先生把這種分裂看作是中國戲劇成熟的標誌。他用了「形成」這樣一個名詞來描述當時中國戲劇所出現的質變。

許地山先生的「梵劇」說至今並未得到戲劇史界的廣泛認可。雖然幾乎所有的戲劇史都將此觀點作為中國戲劇的起源觀點之一予以列出，但基本都未肯定甚至重視此觀點。值得注意的是，在許地山之後，戲劇史家已經開始將中國戲劇史看作是一種「敘事文學史」從而進行探討研究。中山大學黃仕忠教授更是將中國戲劇的發展劃分為「起源」、「形成」、「成熟」三個過程，這說明，對於在中國戲劇發展規律的體認上已經相對較為辯證，客觀，而不是局限於某種單一的論定。從辯證的哲學觀點來分析，我們完全可以質詢，如果說中國的戲劇是儺戲變化而來，那儺戲的源頭又是什麼？所以說，筆者認為是在這裡需要討論的是，並不是中國戲劇的起源為何，而是導致早期中國戲劇分裂的原因究竟何在？

「唯物辯證法認為，外因是變化的條件，內因是變化的根據，外因通過內因而起作用」。中國戲劇出現從娛神為主流變成以娛人為主流，兼有娛神，愈發接近西方所界定的戲劇內涵本質。這種嬗

變的決定因素當然是內因。首先是商品經濟的發展、民族融合的加深，人口流通的加快，從而帶動整個時代對於審美消費的訴求。但是這種內因並不能促使戲劇自身出現悲劇與喜劇的分野。「社會不能直接影響藝術，但可以間接影響藝術，因為可以直接影響藝術家」。大的時代背景與社會潮流下，戲劇表演者、創作者們開始了進行全新的嘗試，但是在嘗試中如何去落實？這才是本文探討問題的核心所在。

我們可以大致給中國戲劇的分野定一個時間點。這個時間點的確定，以中國戲劇出現「表演敷衍情節」為主，而不是以出現歌舞為主。筆者認為，中國戲劇的分野，是有如下幾個作用力的。

首先，是市場經濟的繁榮，出現真正觀賞性的戲劇，說明大量觀眾的出現，即有錢、有閒以及有一定文化知識的群體開始大量出現。因為觀賞性的戲劇的土壤是商品流通迅速、物資豐富的地域。在農耕時代中國，其實主要還是在當時的鄉鎮、繁榮的村落，以及縣、府、州的治地。商品經濟繁榮既然至此，就勢必離不開生產力的高度發展，奴隸制生產關係的瓦解，所以筆者推斷，這個時間至少不能早於戰國末年。

其次，中國戲劇的形成、發展均在漫長的封建專制時期完成，這就決定了中國戲劇的發展空間由官方的文化政策所決定。其實，戲劇史界曾一度提到的「優」，實則是宮廷戲劇的起源。而無論是觀賞性的戲劇，還是祭祀性的戲劇，均起源、發展於民間。堅持稱中國戲劇起源於中國宮廷樂舞，古往今來只有清代皇族詩人、學者納蘭性德一人而已。既然源自於民間，那麼難免就和官方的意識形態存在著一種相互的聯繫。我們可以看到，中國戲劇大發展的宋

代、元代，實際上就是官方文化政策最為寬鬆的時代。那麼中國戲劇的形成，是斷然不可能是在高壓時代的，而戰國末年之後秦、漢初都是高壓政策實行的年代。在文景之治之後的西漢中期。

最後，中國的戲劇出現這種分野，在接受美學上的表現就是戲劇開始出現了觀眾的分化。因為原始的、廣泛的巫儺戲表演已經無法滿足一部分觀眾的審美需求。他們需要情節更為完備，內容更加充實，趣味性更濃的戲劇來滿足自己的審美願望。這就決定了巫儺戲的表演要出現分化，其中原有的表演形式下延到了鄉村、宗族鄉社，而新出現的表現形式則開始上升進入到了鄉鎮和小城市。我們也必須清楚地看到，這種嬗變並不是偶然的，而是有著深層次的美學原因與歷史背景。

東西兩漢，中國與西方的文化交流頻繁，海陸兩途絲綢之路作為東西方溝通的重要路上通道。不但西方商人常常來到中國，中國的商人也常常往返於羅馬、長安之間，甚至部分中國商人還長期定居在羅馬一帶，受到了當時羅馬皇帝的禮遇。顯然，商品經濟的流通、人口的遷徙與流動，自然也促使了東西方文化的交流，自然而然形成了東西方文化交流的第一次高潮。

在這次文化交流的高潮中，中西方文化交流的開拓者張騫在兩次出使西域的過程中，帶回了大吐火羅樂曲《摩訶兜勒》，《後漢書》亦記載，羅馬帝國在東漢永甯元年（西元一二○年）遣使入長安，「獻樂及幻人」、「言我海西人」，所謂海西，就是羅馬帝國要津亞歷山大裡亞港。從這些史實不難看出，早在兩漢時期，西方的藝術特別是戲劇就已經以各種形式傳播到中國來了，並且在宮廷、民間都產生了一定的影響。

三、「西漸」與戲劇形成的關係

在上個世紀五、六十年代，對於中國戲劇的「形成」問題，一直在進行熱烈而又深度的探討。戲劇史家孫玫在《中國戲曲跨文化研究》一書中，發出如下的闡述與疑問：

> 王國維的「戲曲元代說」。引出了各種反駁意見，因發了戲曲史研究中關於「戲曲形成期」持續不斷的爭論，學者們一般都同意，和世界其他文化一樣，中國的原始戲劇的源頭可以一直追溯到遠古，但是在那個時代，顯然還不可能有戲曲。因此，在戲曲形成之前，應該有一個史前期，而且這個史前期還相當的長。學者們的爭論要點在於：這個史前期的下限究竟應該定在什麼時代？[3]

在文後，孫玫先生列舉周貽白先生的「胚胎形成」說、張庚先生的「起源形成說」等代表說法，但是所探討問題的本質卻是一致的，就是這個「下限」的時代，即本文中筆者所探討的「觀賞性戲劇分裂形成」的時代。關於這個「糾纏不休的論爭」，孫玫先生評價是，「至今尚未真正結束」。

確實，中國戲劇的「形成」是一個困擾中國戲劇史學界的一個老問題，似乎也成為了一個先有雞還是先有蛋糾纏不休的問題。部

---

[3] 孫玫，《中國戲曲跨文化研究》，中華書局，2006 年。

分學者認為，觀賞性戲劇從儀式性戲劇分裂出來，是與中國敘事文學的發展有著很大的關係。而西元一九〇〇年敦煌藏經洞文獻的發現，有力地改變了傳統學者對於中國敘事文學史的看法，尤其是對於講唱文學源頭的研究，有了一個全新的觀照視野。

作為隸屬於宗教的敘事文學，講唱文學離不開佛教的傳播。據歷史記載，佛教是東漢明帝永平十年（西元六十七年）傳入我國的，那麼講唱文學的源頭大概也就是在漢末至魏晉時期在中國產生，這段時間大概也就是西元六十七年之後的一、兩百年裡。

學術界認為，來自西方的講唱文學對於中國的戲劇形成的影響，主要在「題材與人物」、「體制與體例」加上「敘事藝術」這三個大系統的影響。筆者認為，這種影響是巨大的，不但對於中國戲劇的形成有著重要關係，甚至直接地為後來中國戲劇衍變、流傳起到了非常大的影響關係。且不說敦煌講唱文學的開場形式與編排結構對於後世戲曲「四折一楔子」結構的巨大影響，單從敘事特徵這個角度來分析，受講唱文學影響，比如說中國後來的敘事文學尤其是戲劇非常注重線索的完整、邏輯的嚴密以及情節的傳奇性；再從人物塑造上來分析，敦煌講唱文學代表作品《斷齮書》中關於女性的描寫直接傳承到了宋話本《快嘴李翠蓮記》，其塑造形象潑辣機敏，敢愛敢恨，主張獨立，果敢大膽，並敢於在現實生活中追求真我，反抗禮教，具備非常強烈的思想性。這種形象一直影響到後來南戲、雜劇甚至明清傳奇中婦女的形象，譬如說竇娥、崔鶯鶯、杜麗娘和紅娘，甚至《桃花扇》裡的董小宛，都是沿襲著這樣的典型形象一路下來的。確實，在中國傳統戲劇中，鮮有對於貞節烈女的頌揚。

作為「代言體」文學的中國傳統文學，在敘事范式與敦煌講唱文學也是分不開的，甚至出現了明顯先承後續的關係。學術界認為，敦煌講唱文學有兩種敘事範式，一種是「史官式」的，一類是「說話式」的，作為非常有代表性的「說話式」敘事範式，在對於意義的表示上也有著自己的特點。比如，它的表現形式是一個人站立說書的形式，毫不掩飾自己存在，與受眾起到互動與共鳴；在表演的過程中用擬聲、表情甚至歌唱來構建懸念、招徠觀眾，從而吸引受眾前來觀賞；最後，會在敘述的過程中夾雜自己的看法與觀點。我們可以看到，前兩者決定了後來中國宋代的瓦舍說書藝術，甚至雜劇一人主唱的表演範式。而後者無形中的「間離」效果，更是為後世中國戲劇的審美視角提供了開闊的空間與體認的前提。

綜上所述，敦煌講唱文學、佛教變文確實在文體形成上為日後中國日漸成熟的戲劇表現形式提供了內蘊的敘述可能。而無論敦煌講唱文學，還是佛教變文，都不是中國本土化的文學形式與表演形式，所以說，中國戲劇「西漸」說，是有一定道理的。

但是「西漸」和戲劇形成的關係又何在呢？筆者認為，是西方的文化形態、思維結構，以及部分的文學形式，促使了中國戲劇表演、戲劇文學以及舞臺劇場形式的形成。這個形成，是一個循序漸進、漫長的過程。但是與幾千年中國演劇史相比，這只是一個並不太長時間長度，在這幾百年的時間長度裡，如果深入下去，我們需要討論的問題還有很多。

四、從「娛神」到「娛神／娛人」的儀式下延

馬克思在《共產黨宣言》中指出,「(隨著各地域、民族的交流與溝通)民族的片面性和局限性日益成為不可能,於是由許多種民族和地方的文學形成了一種世界的文學」。在中國的兩漢至唐這幾百年裡,對外交往日益頻繁,相互遣使、通商也日益增加,多元文化開始慢慢地滲透到傳統的中國文化當中。當時影響中國的主要外來文化有如下幾種:中西亞敘利亞地區的閃米特─含米特文化、北亞的高加索文化、南亞的印度─達羅毗圖文化與北非、西亞以及東南歐的羅馬─拜占庭文化。

這些文化都是世界文化史上歷史悠久的文化體系,也是世界文化體系內最早進行文化溝通與文化傳遞的,文學作為重要的文化載體之一進行著跨國、跨民族的文化傳播。逐漸,各類文學終於進行了重新的混合、建構,進行了世界文學的第一次融合與建立。當代文化批評家佛克馬說,沒有單純的民族文學,所有已知的民族文學都是世界文學。自然,中國的戲劇也不例外,作為一種融合多種演出、文學形式,並在形成過程上受到外來文化強烈影響的中國戲劇,自然而然就變成了一種特殊意義的「世界戲劇」。

談到這裡,筆者繼續深入到一開始的話題。即觀賞性的戲劇與儀式性的戲劇分野的本質究竟為何,在分野之前,中國的戲劇是單純的「民族性」演劇形態,而分野之後,中國的戲劇開始出現了「世界性」的因素。一部分帶有「民族性」的儀式性演劇形態就順其自然地下延到了資訊溝通最少、傳播維度最窄的鄉村,作為一種靜態

的儀式融入到了封建農耕時代的鄉社、宗族的管理體系與生活方式之中。

我們根據現在的儺儀，能否反推中國遠古的儀式性戲劇？那麼就要看當下儺戲生存的文化生態土壤與中國遠古的文化生態土壤是否相似。遠古酬神、通神甚至娛神的儺戲表演，在更深層次上所表述的是人們的一種嚴肅的神性崇拜，以及一種對於上天的敬畏，及至當下，我們在鄉村僻壤、少數民族地區所看到的儺戲表演（不含商業化表演）是否還是神聖的崇拜儀式？即使是，在這種崇拜儀式中是否存在著曾經不曾有過的娛人成分？

正如上文所說，外來文化對於中國戲劇的影響，導致了戲劇有了質變到量變的分野，即使分野之後，也不能保證下延到鄉村的「原始戲劇」（我們姑且這樣稱呼）真的完全沒有受到外來文化的影響？因為我們知道，原始戲劇下延到鄉村，是民俗規則、文化規律與社會發展所自發形成的，而不是人為的「靜態保存」，既然是自發地形成，那麼在下延的過程難免會受到他者文化的影響。法國人類學家涂爾幹認為，現在我們所看到的原始儀式，乃是一種功利性的文化手段。社會集體可憑藉此手段來表達和加強集團的情感與團結，從而使其成員達到情感上的一致性。這個定義，與原始戲劇「娛神／通神」的目的，是否一致？

顯然，我們現在所看到的儺戲，由於受到文化融合、衍進的影響，明顯已與原始戲劇產生了非常大的區別。現在的儺戲，已經出現了觀眾，演員也有了表演意識。雖然兩者同為儀式，但是指向已經發生了變化。

　　學者吳光耀認為，現存原始部族的文化不等於文明社會的古代文化，因此研究戲劇起源時，他們只能起參考作用，不能把他們作為戲劇起源的可靠觀點。筆者認為，在我們看到當下原始部族的文化中，確實存在著和原始戲劇儀式類似的表演，但是這種表演已經和原始戲劇儀式在指向上出現了非常大的區別。即使現在下延到鄉村的原始戲劇，仍然也出現了「娛人」的表演取向。比如說湖南湘西苗族土家族的儺戲，在表演的過程中早已出現了演員與觀眾的狂歡，大家一起沉醉在一種精神的解脫與釋放當中。再比如，雲南紅河地區的原始戲劇表演已經開始有了戲臺，並有了給觀眾落座的位置。由曾經的儀式性，往當下的觀賞性的過渡，這也是戲劇整個系統發展的大趨勢，一種必然。

　　形成這種必然的原因很簡單，即人類崇拜的轉向。人類從神靈時代走向科學時代，關注的客體也由神靈轉向對於自我的關注、認同與剖析。那麼，出於對於宗法、管理制度的客觀需求，原始戲劇中保留了儀式性的東西，但是隨著人類自身的進步與完善，「娛人」逐漸變成了「娛神」框架下的第二個審美層面。

　　所以說在整個儀式下延的過程中，「人／神」二元關係的不斷認知是推動整個儀式下延的動力。當人性思維戰勝了神性思維之後，神成為了一種服務於人的儀式，在重構整個儀式的過程當中，人類在不斷認識自我，發展自我，從而對於整個演劇形式的重構也不自覺或是無意識地摻雜了某些娛人的因素，這是無可厚非的。

五、mystery / ritual：**回到儀式的儀式**

　　到了這裡，很多問題已經獲得了明瞭的回答。中國的演劇出現分裂，原因有二，一是人類在進化中不斷對於自我的認識；一是受到外來文化融合、衝擊的結果。前者導致了原始儀式的下延，並分裂出新的演劇形式；後者對於新的演劇形式起到了催化與定向的作用。現代人類文化學學者習慣於倒推歷史文化的邏輯，當然，歷史文化的發展是可逆的，我們既能倒推，自然也可以預言。

　　如前文所述，戲劇的分裂，從本質上是源於人類進化中不斷地自我認識，從單純的神性崇拜轉換為有條件的人性崇拜。辯證唯物主義認為，人類是不斷發展，不斷進步的，從而認識能力也不斷提高，逐漸將認識客體從不可知發展到相對可知。我們也能看到，各類原始的戲劇開始出現了消亡，衍變，甚至與旅遊、娛樂接軌，徹底變成了一種觀賞性的演劇形式。再加上農村管理體制的進步，傳統的鄉社宗族管理制度逐漸被現代行政體制所替換，這種演劇形式賴以依靠的社會條件也正逐步喪失。

　　那麼原始戲劇會走向何處呢？我們不妨預言觀賞性戲劇的發展前景，隨著科技的進步，人類交流的日益頻繁，多元化、多極化、世界性的社會導致了中國的傳統戲劇——即觀賞性戲劇開始走向世界，並化整為零，與商業化、高科技相結合，成為了一種混合的、新的審美形式。可以這樣說隨著時代的進步發展，在世界的多極化、多元化之下，戲劇也出現了這樣的發展趨勢。早期觀賞性戲劇形成的重要原因之一就是「世界性」，而當下仍然是這種世界性，

促使了傳統的觀賞性戲劇走向了分眾傳播、混合傳播的新形式戲劇，但是其本質「觀賞性」仍然可以得到很好的保存。

觀賞性戲劇在上個世紀後二十年開始，已經出現了和新媒體合流的趨勢，傳統的戲劇形式不斷借鑒新媒體的傳播方式，進行跨媒介傳播。戲劇開始從劇場、舞臺走出，走向廣播、電視甚至網路，剝離了技術的要素，我們依然能看到戲劇藝術的本質即觀演關係。但是我們如果關注於原始戲劇的衍變過程，則會發現在儀式下延的過程中，儀式的本質在發生著內涵的變化。

就傳統的原始戲劇而言，其儀式性的本質只是「mystery」，即在儀式中蘊涵著神秘性與宗教性的世界觀，而現在我們所看到的原始戲劇，則是「ritual」，雖然與前者同屬儀式，但是這種儀式是象徵式的，非神秘的，甚至帶有節慶、戲要與狂歡的成分在其中。從前者進化到後者，拋棄掉了神秘的、神性的元素，保留了儀式性的表演，產生了戲要與狂歡的因素。從戲劇性的角度來說，這顯然是一種進步。

從 mystery 到 ritual 的規律在某種程度上說也是中國戲劇的一個發展規律，既包括觀賞性的，亦包括儀式性的。我們常常關注到戲劇因為進化的力量，分野為儀式性與觀賞性兩種，但是並沒有發現，正是同樣的一種力量，仍然在改變儀式性戲劇的內部因素，促使儀式性戲劇不斷的出現進化、變化，使其不斷地與日益泛娛樂化、非嚴肅化的觀賞性戲劇靠近。中國的戲劇在形成之後，並不是一種終結，也不是一種開始，而是戲劇發展環節中的一環，更是一種「沒有終結的涅槃」。

　　戲劇屬於文學藝術的一種，所謂文學在本質上就是人學，在表現層次上，則表現為一種敘事藝術，這種藝術乃是隨著人性的不斷完善變化而循序演進的，雖然在兩種演劇形式中蘊涵著不同的敘事藝術，但是之於人性的發展、發現規律而言，則又是一個不斷昇華的過程。

釋「弔詭」

——兼論中西方戲劇「懸念」結構的敘事模式共同

　　作為戲劇重要要素之一的「衝突」（comflict）在不同語境的戲劇環境下有著不同的表徵。西方戲劇認為，所謂衝突，便是現實人類由於立場、觀點等相迥而產生的矛盾（contradiction），這種矛盾在戲劇中的反映，便是衝突。而中國傳統戲曲認為，所謂衝突，乃是在一個鏈狀的敘述模式中，出現順序進行的點狀「場子」，而構成這種特殊的「場子」的衝突，則被筆者稱為「弔詭」（paradox）。從這兩種源自於不同戲劇結構的矛盾元素出發，筆者認為，無論中國戲曲還是西方戲劇，在情節上都存在著「弔詭」這種敘事模式的美學共同。

一、黑格爾理論：衝突存在的形式與位置

　　戲劇作為一種的敘述結構，具有所有敘事文學共通的美學特徵，而衝突也就成為了其必不可少的元素之一。黑格爾認為，因為

衝突一般都需要解決，作為兩面鬥爭的結果，所以充滿衝突的情境特別適宜於用作戲劇的對象。戲劇本是可以把美的、最完美、最深刻的發展表現出來的。在黑格爾看來，戲劇衝突並不在於展現的過程，而是在於解決的過程。假如一部戲劇中的衝突不能獲得解決，那麼這就不能稱其為戲劇衝突，而展現這種「衝突」的解決，則是美的、完美的、深刻的一個發展過程。無庸置疑，黑格爾的衝突觀點奠定了西方現代戲劇美學的理論基礎，我們通過對於黑格爾衝突觀點的闡釋，很容易將「衝突」歸納為兩種不同的存在形式：一種是解決的衝突，一種是未解決的衝突。而正是由前者，構成了西方戲劇最重要的結構原則之一。

從敘事這個角度來看西方戲劇與中國戲曲在衝突上的不同，主要就是從衝突所存在的形式與角度來進行分析。從西方戲劇的衝突來看，主要建立在對於「結構」（structure）的把握之上。勞遜認為，西方戲劇的情節結構有單線式、網狀式與平行式三種情節結構方式。在這不同的情節結構方式中，劇作家對於「衝突」的演繹也是不盡相同的。勞遜還認為，西方戲劇中的衝突是一種「自覺意志」的衝突，這種自覺意志的衝突所表現的則是人與人、人與社會之間的矛盾。而戲劇作為生活的反映，自然也無法規避這種業已存在的、客觀的矛盾。

托馬舍夫斯基認為，在一部完整的戲劇中，衝突的載體是「情節」（sujet）而非「故事」（fable）。釐清矛盾載體，並進行這種二元分野，在實際上則是強調了衝突作為戲劇結構元素之一在戲劇中的表現形式。在托馬舍夫斯基看來，所謂衝突，必須是「具備」情節這個因素的，一般性的故事性敘事是無法構成衝突的，自然也無

法稱其為戲劇。發生衝突、敷衍衝突與解決衝突，整個過程為一個體系而存在。受眾認為，衝突的雙方誰是誰非、誰勝誰負並不重要，所謂雙方的是非勝負，無非是引導戲劇本身的結局究竟是走向喜劇還是走向悲劇，而無論是喜劇和悲劇，都是以情節的衝突為第一要素的。

那麼這就決定了西方戲劇衝突律的「情節論」，儘管托馬舍夫斯基秉承的是布萊希特的衣缽，但是在戲劇的整體思想上看，他仍然是黑格爾戲劇思想的嫡系傳人。黑格爾的「解決衝突」，實質上就是對於「情節」的敷衍。而在西方人傳統的戲劇觀念中，悲劇遠遠比戲劇的價值要高。而悲劇中對於「衝突」的演繹，則更加突出。因為悲劇的情節結構與最終結局都是衝突的高潮，而非懸念。因為高潮所彰顯的，是已經解決的衝突，而懸念則表徵著未解決的衝突。

西方戲劇把高潮作為衝突的集中點，這很好地體現了傳統戲劇的「三一律」演劇原則。即使是啟蒙主義時期的狄德羅，對於懸念的解釋仍然是站在「高潮」這個視角來分析衝突的存在形式。狄德羅認為，所謂懸念，就是將衝突──一項重要的情節在未發生之前，將內情透露給觀眾，從而引起觀眾的「興趣」。在一部西方的戲劇（悲劇）中，高潮一般只有一次，而這次高潮的凸顯也正是戲劇衝突最明顯的地方，當高潮剛結束時，戲劇的衝突也就隨之消解，整部戲劇圓滿落下帷幕。這樣的戲劇表現形式在某種程度上所攜帶的資訊是客觀、有限的，大量的，更多的則是開放式的戲劇敘述空間，留給觀眾評說、思考的空間相對要多的多。

　　我們可以這樣分野，西方的戲劇衝突律是開放的。這種對於情節的開放演繹表面上在觀眾和舞臺之間打造了所謂的第四堵牆。對於觀眾來說，戲劇在演出的過程中並不能和觀眾進行溝通，對於觀眾的影響，停留在戲劇作為情節的載體，留給觀眾更多思考、闡釋的空間。高潮落幕，戲劇嘎然而止，這便是勞遜、顧仲彝對於戲劇結構的解釋。在其之前，弗塔格曾就戲劇的結構得出了「金字塔公式」的論斷（也稱「頂點說」），弗雷塔格看來，戲劇在高潮之後還應有下降和結局。後來的阿契爾更是提出了著名的「危機說」，其實其論調仍然是步弗雷塔格之後塵，強調的是情節發展的一個「頂點」，那麼這個頂點就是一次或多或少的「激變」，即情節環境發展的一個「危機」（crisis），但是這種「頂點」之存在於可闡釋度較小的史詩式戲劇當中，一旦進入了其他結構的戲劇，這種高潮情節、衝突自然就會出現完全不同的演繹形式。正如後來的理論家所說的那樣，「從高潮看統一性」這種以偏概全的審美原則，已經不能被更多的戲劇所應用了。

　　黑格爾以降，西方戲劇的發展一直圍繞著「衝突」這個命題在做著不同的闡釋，但是並沒有哪種闡釋是符合所有結構的。無論是「頂點說」還是其後的「佳構劇」，都無一例外。衝突在戲劇結構中的位置直接決定了戲劇的可闡釋空間，而衝突的形式（如高潮、懸念）則是由衝突的位置所決定的。「形式－位置」二元因素構成了西方戲劇獨特的衝突律，但是這種審美原則在某種層面上則是與東方戲劇具有相通審美特徵的。

二、弔詭理論：作為戲劇敘事的美學元素

所謂弔詭，實際上是英語單詞「paradox」的意譯。作為哲學名詞之一，最早見於《莊子·齊物論》，「丘也與女皆夢也，予謂女夢亦夢也。是其言也，其名為弔詭」，在這裡，「弔詭」的意思實際上就是似是而非、充滿矛盾衝突。這種矛盾衝突，在內涵上又有別於普通的矛盾、衝突。在西方拉丁文裡，paradox 是辯證法的發端，先有「弔詭」，後有後面的二元分野。

筆者之前，在戲劇美學體系裡是沒有弔詭這個說法的。但是對於中西方戲劇中關於衝突的敘事，卻有著各種各樣的解釋，即使發現了兩種戲劇體系中關於矛盾的相同之處，很多學者也都莫衷一是，似乎找不到比較合適的詞語來概括。顯然，「高潮／懸念」這種敘事原則是不適合對於中西方戲劇進行普適的解構分析的。當一種東西業已存在，我們需要給予命名、定義的時候，是非常難以抉擇的，尤其是在哲學上對立統一的命題。而在戲劇中，對於衝突、矛盾的歸納解釋，則又變得相當困難。

中國戲曲中對於衝突的理解，是有別於西方的，但是又和西方的戲劇衝突律有著不謀而合的一面。從結構上看，西方戲劇在結構上是「板塊接進」式，而中國戲曲則是「點線串珠」式的「事件順序」結構，劉熙載在《藝概》中就曾用「累累乎端如貫珠」來形容中國戲曲在情節推演上的「曲之章法」。這就決定了在舞臺時空上兩者不同，中國戲曲所採取的形式是反觀式的、縱向的、線性的表現藝術，而西方戲曲則是正觀式的、橫向的、板狀的再現藝術。

　　正如前面所說，西方的戲劇講求一種「懸念」的衝突律，既然是懸念，那麼就沒有必要將所有的衝突全部作為戲劇的高潮予以敘事，戲劇最大的價值是服務於觀眾（而非取悅觀眾），在觀眾中獲得淨化、共鳴與反響，如果想要達到這樣的審美預期，那麼其前提就是要留給觀眾足夠多的審美空間與闡釋餘地。既然如此，那麼西方戲劇家們就不斷在探索中進行著戲劇的改良，從亞里斯多德開始，直到布萊希特、勞遜，他們都一直在探求一種完美的演劇形式──如何才能讓衝突恰如其分地在舞臺上表現出來？

　　勞遜在《戲劇與電影的劇作理論與技巧》中表明瞭自己觀點，「電影完全不像戲劇，相反，他很像小說，不過是一部演給人看的小說」，很明顯，勞遜所站立的高度，是敘事學的高度，而非一般的演劇高度。只有在解剖敘事結構的時候，才會探求出敷衍故事的規律與脈絡。一個需要敷衍的故事，必定是有頭有尾的，那麼我們就可以稱這個故事的結構為開放性的。

　　中西方戲劇雖同主張開放型結構，但其本身就存在著很大的區別，一者寫實，一者寫意，顯然不可同一而論。但是對於衝突在「懸念」這個表現形式下，則出現了中西方的審美共同。無論中國戲曲還是西方戲劇，對於衝突，都不會採取平鋪直敘的手法。當然，中國戲曲中沒有懸念這個說法，但一直卻有「包袱」、「扣子」這類說法，及至清代，著名戲曲理論家李漁始創「收煞」這個定義，並解釋「收煞」為「令人揣摩下文，不知此事如何結果，水窮山盡之處，偏宜突起波瀾」。我們可以看到，這個所謂的「收煞」，就是西方戲劇中的懸念。

　　亞里斯多德曾關於懸念將戲劇的結構技巧分為「敘事式懸念」與「發現式懸念」，而我國的戲劇理論家顧仲彝先生又將「懸念」分為三種，一、觀眾一無所知，完全是求知欲的驅使；二、觀眾知道一點，是好奇欲的驅使；三、觀眾什麼都知道，主要是為了看劇中人的行為而獲的觀劇的快感。而西方戲劇往往會採取前兩種的懸念模式，中國戲曲則會採取後一種的懸念模式。在西方人看來，觀劇的最高的最高境界就是人劇合一，將觀眾融入劇中；而中國戲曲的最高境界則是有距離的觀劇，從而獲得消遣與領會，畢竟前者的表演形式是寫實，而後者則是寫意。筆者認為，無論是中國戲曲，還是西方戲劇，在塑造衝突，製造懸念的設想上都是共同的。即試圖在塑造衝突的同時並將衝突掩飾化，其目的則是更好地利用衝突來進行劇本的情節敘事。

　　值得一提的是，由於受到解構主義的影響，理論界往往關注的只是中西方戲劇關於衝突律的差異（difference），而並沒有刻意去尋找衝突律中相通的地方。但就普適的、永恆的意義價值而言，相通、相同之處常常才更凸顯思考價值。就中西方戲劇的情節「衝突」而言，「弔詭」則是關於衝突敘事的一個重要的、相通的結構組成。

三、戲劇性：弔詭的存在位置與形式

　　既然如上文所說，弔詭作為一種歸納性的衝突演繹形式，那麼它勢必會存在於一部完整戲劇中的任何可能的一處。前文已經提到，無論中國的戲劇還是西方的戲劇，都是崇尚開放性的，而在西方戲劇中，莎士比亞無疑是開放性劇作的集大成者。

那麼，什麼是「弔詭」理論的具體定義呢？筆者認為，首先，它是情節的一種表現形式，也是戲劇結構的一個組成，這是其基本屬性；其次，在整個戲劇的表演過程中，是「戲眼」，是全劇的核心，一般來說，它的基本要素是衝突，表徵形式是高潮，在一部戲中一般只會出現一次，其餘的衝突、矛盾都是為其服務的附庸；最後，它與衝突、懸念有著本質區別，它源於衝突、表現衝突，但是弔詭絕對不是衝突，也不是單純的懸念。它的表現就是刻意去遮蓋衝突，將衝突更加銳化，從而使戲劇獲得真正意義上的戲劇性。

在中國戲曲中，這種「弔詭」可以說是屢見不鮮。雖然中國戲曲的懸念是「瞞劇中人，不瞞觀眾」，但是可以說，在高潮部分，衝突仍然是被模糊化了。觀眾關注的，是演員的「怎麼做」，而不是「做什麼」，強調的是情節敷衍的過程而非結果。那麼，戲劇的「收煞」也就成為了有的放矢，而不是如西方戲劇一般去考量「做什麼」的結果探求。

但是，中西方戲劇關於「弔詭」的共通之處又出現在哪裡呢？通過對比，我們發現，無論是中國戲曲還是西方戲劇，本身就存在著這樣一個永恆的問題，即對於「觀眾」這個名詞的理解。結構劇本，讓觀眾首先接觸的就是情節，其次才是結構。但是在此之前，編劇的過程中，是否考慮到觀眾的因素。作為創作的。即關注的是作主義詩學之後，才日漸衍伸出了「觀眾」而創作的。即關注的是作為審美主體的觀眾。編劇者往往是忽略觀眾而作為審美客體的劇本

　　無論是「唯觀眾」還是「唯情節」，中西方戲劇創作在一開始都無意識地講求「戲劇性」這樣一種整體的美學結構，而在細節上分析，這種結構就是對於「弔詭」的一種佈局、結構。在中國戲曲理論體系中，一直就有「構局為難，曲白次之」的說法。無獨有偶，在西方對於這種「弔詭」的佈局仍有著更為精妙的論斷，布萊希特曾說，「佈局是戲劇的靈魂」。可見，在「戲劇性」這樣一個大前提下對於「弔詭」進行謀篇佈局，並非是一件易事。

　　尤其值得注意的是，在中國古典戲曲中，「場子」作為特有的戲曲結構學說，對於「弔詭」的研究，是有著極大的幫助作用的。往往「轉場」、「分場」等方法目的則是為了更好的烘托情節。中國戲曲的「可分可合」則又是一種獨特的戲劇形式。很多理論家認為，中國的傳統戲劇尤其是折子戲分開就是獨幕劇，合起來就是大戲，這實際上是非常錯誤的。無論是中國戲曲，還是西方戲劇，全劇的「弔詭」一般只有一次，整部戲劇是一個密不可分的整體，無論是「場」，還是「幕」，都是不可隨便拆分的。

　　顧仲彝先生曾經關注到了這種演劇形式，通過對於話劇的研究，他敏銳地發現，「每一幕戲都有自己的小危機，發展為小高潮……直到最後的最後的大高潮，接著就是總解決而結束。」顧仲朗。發現了「弔詭」的存在，但是卻用了「小危機」、「大高潮」、演劇藝術合璧模糊的詞語來進行解釋，顯得有些不那麼清晰明表現呢？　　　　　　客「弔詭」這個客觀現象的，作為中西方　　　　　　　　　　　又是有著怎樣的「戲劇性」的

四、話劇：對於「弔詭」的現代性詮釋

作為中西方演劇藝術合璧的話劇，構成了中國民族戲劇體系的一個重要組成。因其大量的、側重的寫實性，導致了話劇自身攜帶著「衝突」這一重要特徵。百年中國話劇，無論是演劇體系還是編劇形式，都是嚴格地與社會性相一致的。早在五十年前，戲劇理論家張庚先生就更是直接地下定義，「近五十年中國話劇的歷史主要不是劇場藝術發展的歷史，而是話劇運動如何配合革命運動而發展的歷史。」

正是這種定義，也就為話劇的基本性質做了一個維度的界定。中國話劇更是不斷地受到社會發展、政治變革的影響，凝練成了高度寫實的編演形式。不同世界觀與方法論、不同的階級、不同的政見、歷史與現實之間的矛盾，幾乎都一一被搬上了話劇舞臺。由於其高度寫實性，對於衝突的高度誇張性與概括性，再加上西方戲劇板塊結構與中國戲曲的鏈狀結構的混合，導致「弔詭」的結構元素在話劇舞臺上獲得了極大的張力。

那麼，我們如何在話劇中來探求「弔詭」的審美要素呢？縱觀百年中國經典話劇，只要是筆觸現實、反映社會真實的，無一不深受中國傳統戲曲的「收煞」與西方戲劇「衝突律」與「懸念」原則的影響。比如說陳白塵的《升官圖》中關於「假縣長」的際遇，一方面，假縣長依靠行賄、欺騙等手段騙過了民眾、局長甚至省長，最後終於被擢拔為府尹，在結構上如西方戲劇一般做著情節的板塊推進；但從另一方面看，「瞞劇中人，不瞞觀眾」的傳統戲曲懸念設置仍然是《升官圖》的主要懸念設置形式，整部戲劇的「弔詭」

則出現在後面「真縣長」的出現,在這個地方,冒牌者反而受到提拔,真縣長竟然被省長槍斃,矛盾、衝突、高潮在這裡得到了集中,主題在這裡獲得了昇華。即使無論是夏衍《上海屋簷下》或是曹禺的《雷雨》,匡復或侍萍的出場仍然是整個戲劇的弔詭所在,情節、主題與衝突在這裡獲得了高度的概括,而衝突並不是單純的「碰撞」,而成為了雙重審美意味的文化元素,一方面,劇作家深受中國傳統戲曲的影響,在創作劇本的時候,注意到了如何在「場上」製造「收煞」,但拋棄了程式美和不以曲為主的話劇在很大的層面上所表徵的是一種獨有的形式,即將「弔詭」集中、強調化了。

縱觀中國現當代文學史中的話劇狀況,可以這樣說,百年中國話劇,是按照「民族性」與「現代性」這兩個發展趨勢來進行自我完善、自我發展的,而「現代性」的發端根源則又是基於「世界性」這個前提,作為把情節、衝突與寫實視為第一要義的話劇,更是在情節的敷衍上展現出了其中國化的一面。

從當下戲劇理論界的關注度而言,對於「弔詭」這種元素的關注,亦往往駐足在對話劇的研究上。如顧仲彝、黃愛華等學者,他們的出發點、研究對象都是話劇。從審美元素的解構上看,話劇是包含著中西方兩種戲劇審美體系的一種混合性的演劇形式,那麼其最核心的結構,也是能代表中西方戲劇共同點的「戲劇性」。通過對於話劇中「弔詭」的觀照,進而來回溯中西方戲劇中的審美通則。筆者拙見,這種關照方式對於戲劇審美尤其是「衝突律」的研究,都是非常現實,也是非常有必要的。

原文發表於《晉中學院學報》,二○○八年第六期

「功能」與「合法性」

——從故事到敘事的文本研究

　　文學文本中的「功能」與「合法性」關係是當下西方文論界較為關注的一個熱門問題。本文以李隆基與楊貴妃的愛情故事流變為研究對象，從文本的角度進行比較研究，認為同一個故事其文體的變遷、敘事的變化所蘊含的則是文本功能的變化，而功能的嬗變又不斷驅使著文本在真實意義「合法性」上的遞減。進而筆者從具體的文本研究入手，釐清其根本動因在於俗文學（故事）處於「大眾文化」語境下發生的敘事變遷。

一、次文本與文本的功能

　　本文所撰寫的意圖是審理中國文學作品中文本的「斷裂」現象，即一部完整的作品由兩個不同敘事內涵的文本組成，其中一部分承擔整個作品內涵上的敘事責任，即庫德·蘭希所說的「主文本」，而另一部分則因「主文本」的敘事而生成並展開，執行為「主文本」修飾補充的功能（function），這部分被稱為「次文本」。這兩種不同敘事內涵的文本中，存在著一種「複調的關係」，即後者究竟為前者執行一種何樣功能的關係。

所謂「複調的關係」,實際上是一種敘事的矛盾,這類文本在西方文學作品中並不多見。但是在中國文學作品尤其傳統文學作品中卻屢見不鮮。值得一提的是,蘭希的「次文本」實際上是借用社會學的一個概念,「次」在這裡並不是指其在文本中的地位與意義而是指在與「敘事前提」的關係。在文中,「次文本」並不承擔奠定基調、陳述事由或限定語境的敘事責任。

但是「次文本」與「主文本」最大的區別,仍然在於其內容的差異性。就傳統文學作品而舉例,常常是正史敘事與鬼怪敘事並存於某一個具體的文本中,兩者看似風馬牛不相及,但是後者卻常為前者進行「祛魅」與「解惑」,從而促使整個文本能夠在倫理道德上獲得「圓滿」的結局。若是從這個層面看,「次文本」執行的是一種倫理道德的功能。

釐清兩種文本之間的關係,在很大程度上是為了更好地去理解整個大的文本。但是從客觀事實上看,後者與前者本身就存在著一種敘事的「斷裂」。前者與後者分屬於兩種不同的語境,兩重文本在敘事上是單線而非雙線。照此說來,後者焉能與前者構成因果關係?更遑論後者能從為前者不周到之處自圓其說,但是接受者並不認為後者與前者是「斷裂」的,並且一種語境完全可以跨越敘事的高度,去闡釋另一種語境。

那麼,兩種文本之間就存在一種「合法性」(validity)的弔詭,即在倫理道德功能的執行上一併將真實的合法性予以消解。這並不像其他的文本一樣,矛盾、衝突在同一語境內獲得解決。本文所討論的是,在跨語境的前提下,如何解讀「主文本」與「次文本」的

合法性弔詭？以及在追問其合法性之後，又如何去審認「斷裂」中所存在的敘事價值？[1]

趙毅衡在〈無邪的偽善：俗文學的道德悖論〉一文中以傳奇《白兔記》為文本個案，通過不同時代的故事流傳，探討「俗文學」與「亞文化」之間的關係，進而研究「意圖語境」與「情境語境」兩者的敘事關係。本文的立意雖與趙文存在著先承後續的探討關係，但是與趙文最大不同之處在於，本文期望能夠從另一種不同的文學層次出發，打破「語境」這樣一種橫軸，並建立一種「文本」的縱軸，進一步探索文本中部分與部分之間、部分與整體之間的敘事關係。

正如趙毅衡所說，尤其是明末前，同劇異文的形式大量存在。這為分析兩重文本的敘事意義與敘事關係既提供了個體的對象，亦提供了可以參照的規律性趨勢。文本在遇到不斷改寫的同時，對於作品的言說態度、敘事結構與合法性問題也在不斷地進行著重寫與解讀，一方面既是為了滿足倫理道德的需要，一方面更是為了將意識形態與文本做著一種近似妥協的融合，從而保證在「同劇」的前提下，能夠以「異文」的形式，將更多的資訊通過文本的狀態闡釋出來。

二、《長生殿》之版本流變

本文以清初劇作家洪昇的劇作《長生殿》為研究對象，這部戲劇講述的是李隆基與寵妃楊貴妃的感情故事。天寶開元年間，楊貴

---

[1] Coode Lunacy, Three trends in literary theory, Criticism and theory research, Belgium Rubén University, 2006/7.

妃全家因其受寵而身家顯赫，。後逢安史之亂，楊家遂成眾矢之的。李隆基迫於眾文臣武將的壓力，為保住自己身家性命與大唐基業，不得不揮淚賜死楊貴妃。待到戰亂平息，晚年無權無勢的李隆基身居深宮，獨自一人思念楊貴妃，最後竟與其鬼魂相見之傳奇故事。

　　該故事是《長生殿》的劇情雛形，但究該故事論之，早在唐代就有流傳，及至宋元都有不同版本。就目前而言，除去《長生殿》之外能見之版本有三。其中最早當屬唐代陳鴻的小說《長恨歌傳》。該文本目前有兩個版本，其一收錄於汪辟疆的《唐人小說》裡，另一則收錄於魯迅先生校錄的《唐宋傳奇集》中，兩者在敘事情節上並無較多差異，僅是修辭句讀上略有偏差。兩篇作品均被收錄於《文苑英華》之中，後人編撰《唐詩三百首》，則多將《唐宋傳奇集》中的版本放置於白居易《長恨歌》之前，作為引文。應當說，《長恨歌》比《長恨歌傳》更有影響

　　及至宋代，史官樂史據《明皇雜錄》、《開天傳信記》、《安祿山事蹟》以及《酉陽雜俎》等書以及《長恨歌傳》，改寫為《楊太真外傳》兩卷。樂史本是史官，敘事如談史。一起始便以史傳家特有之口吻，以編年體敘事，前半段頗有《史記》、《漢書》之遺風。但是後半段自「有道士楊通幽自蜀來」始，文本就出現了「斷裂」，後文之巫風儺影，鬼言怪語與前文之嚴謹頗多不合，此為第二個《長生殿》之淵藪版本。

　　元代詞衰曲興，文學早已無自兩晉以來雅化傾向，兼之城市文化與市民階層出現，俗文學遂興焉。白樸根據之前歷朝李楊愛情軼事，創作出了末本戲《唐明皇秋夜梧桐雨》，主唱者為正末李隆基。現存該劇版本頗多，最早為明嘉靖李開先《改訂元先賢傳奇》本、

萬曆年間繼志齋刻本、明脈望館藏《古名家雜劇》版本、《元明雜劇》本、明顧曲齋刻《元人雜劇選》本、《元曲選》丙集本、《酹江集》本、《元曲大觀》本、《古今名劇選》卷一本、《元人雜劇全集》本等諸多版本。本文所參照版本，係人民文學出版社出版、王季思主編《全元戲曲》之選本。由此觀之，《梧桐雨》當為離《長生殿》年代最近之故事版本。

《梧桐雨》雖版本眾多，但卻無太大的情節差異，最多只是字詞脫漏、出入句讀而已。除了這三個版本之外，目前戲曲界、文學史界並未找到系統地講述李楊愛情並「魂魄相見」的其他故事版本。

本文所選取的四個版本，即前述之三個淵藪版本加上《長生殿》。最早的版本在唐代元和元年（西元八〇六年）即完稿，《長生殿》則完稿於清康熙二十七年（西元一六八八年），兩者跨度八百八十餘年，歷經唐、宋、元、明、清五朝。且中間的宋本與元本均屬於兩個不同的朝代，洪昇由明入清，在文學傳統上仍然可以看作是明代人。

四個朝代，四個版本，其中包括兩齣戲劇。「一朝有一朝之文學」雖是研究文學的一個重要切入點，但究文學本體即文本而言，研究文學的終極意義當在於探求其敘事的價值與文本所執行的功能意義。位於四個不同時代的李楊愛情故事，自當有著不同的分析價值。本文將從四個不同的版本出發，系統地釐清「次文本」在整個文本中執行功能的變化趨勢。就四個不同的次文本而言，每一個次文本都與前面的主文本處於兩種不同的語境（或陰間或夢境）。第一個版本中是楊貴妃作為「言說者」存在，而第二個版本中楊貴妃則變成了「參與者」，第三個版本中楊貴妃已經成為了「對話者」，

到了《長生殿》中，楊貴妃則作為「敘事者」，直接進入情節即寓言的主題結構。

三、四種「李楊愛情」的敘事比較

最早的《長恨歌傳》闡述李楊愛情，按照是唐代變文、小說的一般性套路。整個文本由兩個文本組成，各承擔不同的敘事責任。前一個文本主要講述楊貴妃受寵的原因，並描述了楊貴妃怎樣受寵，如何一人得道雞犬升天等史實，並稱導致安史之亂的原因是楊國忠「愚弄國柄」，結果驪山下「六軍不發」，李隆基為求自保，不得已處死楊貴妃。

「次文本」在這裡的敘事方式是「方士」作為李隆基的使者，赴仙界觀見楊貴妃，並為兩者傳話。這裡最大的敘事元素則是鬼魂，即在整個次文本中，都是化身鬼魂的方士與已成鬼魂的楊貴妃之間的對話，方士在這裡成為了李隆基的使者即代言人。李隆基並未在次文本中出現，自始至終都是方士與楊貴妃兩人對談。楊貴妃回憶當年與李隆基如何恩愛，而方士則告訴楊貴妃現在李隆基的情況。李隆基在整個次文本中角色發生了變化，即由前文的「敘述者」變成了「被敘述者」。當說者被說的時候，整個文本的語境自然也發生了倒轉。楊貴妃在主文本中亦不承擔敘述的責任，因而在次文本中，敘述秩序被打亂了。

《楊太真外傳》這一段與《長恨歌傳》並無差異，甚至連字詞句讀都一樣。但是與《長恨歌傳》不同之處在於《楊太真外傳》多了一個情節交待。在方士與楊貴妃見面之前，李隆基與楊貴妃有過

一次見面，但是不是在陰間，而是在夢中。在李隆基夢遊陰曹地府時，巧遇楊貴妃，如下是兩個人的對話：

> 帝曰：汝思我乎？
>
> 妃曰：人非木石，安得無情？異日，當共跨晴暉，浮落景，
> 　　　遊玉虛中。
>
> 帝曰：碧海無涯，仙人路絕，何計通耗？
>
> 妃曰：若遇雁府上人，可附信矣。

僅僅只是加了這麼簡單的四句對話，在本質上卻改變了楊貴妃在次文本中的地位。方士與楊貴妃的會面，實際上是楊貴妃提出來的，要求李隆基派一個「雁府上人」，以「附信」的形式進行溝通。在敘事上，楊貴妃讓方士這個次文本中的敘事者提前出場。有了這個前提，李隆基也從所謂的被代言變成了一個潛在的敘事者。楊貴妃在整個文本中成為了一個重要的參與者。或者說，次文本中方士在陰間遇到楊貴妃，楊貴妃早就預料到了，因為方士就是楊貴妃託夢要求李隆基派來的。

「合法性」在這裡獲得了進一步完善，「夢境敘事」承擔了溝通陰陽兩隔的敘事責任。第一個版本中方士代言李隆基赴陰間訪貴妃，實際上就意圖讓原本兩種不同語境的敘事在同一個文本中獲得「合法性」認同。第二個文本中，李隆基與貴妃夢中相見，繼而再派方士尋訪貴妃，這實際上促使了「合法性」認同的進一步完善。從敘事的意義來說，這也意味著敘事走向了逐步成熟。

之前的兩個版本都是「案頭文學」，並未作為「場上」的戲曲形式進行表達，雖然唐宋已有戲弄、話本等場上形式，但是事關李楊愛情的場上戲曲，還是等到元代白樸的筆下方才獲得了表現。

《梧桐雨》中次文本的敘事則擷取了《楊太真外傳》中的「夢境敘事」，而拋開鬼神之論不談，亦無方士道士之形象。整個敘事的合法性已經完全獲得了相應的認同。或者說，整個文本隸屬同一個語境，合法性的弔詭被徹底消解了，因為夢境中出現任何語境都是合法的、可被認同的。李隆基與楊貴妃夢裡相見，最後終被一場梧桐雨驚醒。

從敘事內涵上來說，《梧桐雨》比前兩者都相對要成熟的多，且更容易喚起受眾的審美共鳴。之前每一個作者對作品進行「改編」時，實際上都在潛意識中意圖使作品走向一種合法化，即消解作品中乖謬不周之處，從而力圖讓文本與語境獲得融合。文本（text）與語境（context）在本質上具備相同的能指與所指，雅各森亦認為兩者實際上是內容與形式的關係。

探討李楊愛情故事中「主文本」與「次文本」的兩層敘事關係，實際上自上個世紀初至今，從未停止過[2]。但是在文本學、闡釋學與解構主義介入到中國傳統文本解讀之前，對於文本的認識還未進入到事關場域的問題認知，而是一直停留在傳統意識形態層面上文本解讀法。正如前文所述，次文本所執行的功能乃是不斷地

---

[2]　最早論述這個問題的是俞平伯先生，他在 1929 年《小說月報》第 20 卷第 2 號上發表〈《長恨歌》及《長恨歌傳》的傳疑〉一文，以示求證。後有周煦良在《晉陽學刊》1981 年第 6 期撰文〈《長恨歌》恨在哪裡？〉作進一步探索，此外還有孫次舟〈讀《長恨歌》與《長恨歌傳》〉，發表於《文學遺產》（增刊）第 14 輯，作了深入到文本內部的探索。

為整個文本尋求合法性的認同以及敘事責任在倫理道德層面上的承擔。

所有事關李楊愛情的故事中，最後出場的《長生殿》在敘事上則尤其具備考量價值[3]。兩人既不是在夢中團圓，也不是托人相見，而是先由天仙織女寬宥楊貴妃的罪責，最後李隆基不斷派遣方士尋訪貴妃，感動上天，兩人終在月宮團圓。

如果說前三者的語境存在著不斷「合法性」的話，那麼《長生殿》則是一種「去合法性」的敘事。月宮與人間本是兩種完全不同的敘事語境，在這個版本中，兩種不同的語境根本不存在難以逾越的鴻溝。雖然版本中也存在「夢境」並且是一場噩夢，成為了促使李隆基派遣方士的原因之一。

《長生殿》的次文本與主文本實質上構成了一種「互敘事」的關係，即主文本中所提出的敘事懸念、情節衝突與結構缺位等一系列「問題式策略」，均在次文本中獲得解決。原因就是主文本的語境有諸多客觀限制，衝突即矛盾，矛盾是沒有辦法在根本上解決的，當一個矛盾被解決之後，會有各種各樣新的矛盾出來，這就是矛盾的弔詭（paradox）。

張光年為解讀中國傳統文學中的鬼怪敘事提供了一種界定方式，他認為，「在封建階級制度下，很多社會矛盾、個人意志的衝突等諸多不合理都是無法解決的，這既囿於作家的階級、歷史局限性，又受到社會體制所限制，所有這些問題只有寄託鬼神來解

---

[3] 這裡所參考的《長生殿》係人民文學出版社出版，徐朔方校注，1983 年出版的版本。

決，這反映了勞苦人民追求幸福生活、痛斥黑暗封建社會的精神追求。[4]」

四、「次文本」執行功能與合法性的危機

熱拉爾・熱奈特認為，敘事的功能之一就是根據一種時間組合而發明另一種時間組合。這裡所談的是「故事時間」與「敘事時間」的相互對立。當然這僅是敘事的一個時間縱軸，但是與此同時還存在一個空間的橫軸，本文認為，敘事的另一重功能就是依靠閱讀的單一空間不斷去消解文本中所闡釋的各類空間，以趨一種「元敘事」的意圖。一個文本的審美接受，除了縱關係之外還存在另一重縱聚合的關係，這兩重關係共同構成了一種敘事之於受眾的審美形式。

「次文本」在一個完整的文本中所存在的意義究竟為何？這是近年來國際文論界、批評界尤其關注的問題。通過對李楊愛情故事流傳的研究，實際上是對「次文本」之於整個文本意義的考量。正如前文所述，「次文本」的意義一方面在於對於整個文本倫理道德功能的執行，即力圖將文本中一切矛盾、衝突全部引到另一層語境中予以解決，從而促使整個文本在倫理道德上獲得一個圓滿的結局。但是當引入的那一霎那，「次文本」在真實性與邏輯性上的合法性全部被消解的一乾二淨。受眾會立刻感覺到文本閱讀的「斷裂」即期望價值（expectation value）的落空。

4　張光年，《張光年文集》，人民文學出版社，2002 年。

　　李楊愛情故事的敘事策略，在中國傳統文學作品中屢見不鮮，「生不能見死相見」、「陽間作惡陰間報應」幾乎在任何一部章回小說、戲劇文學作品中都有各種各樣的體現。本文所舉之例證不過是諸多作品中特點較為突出，兩重文本更加分明之作。這類文本在傳統文學中並無模式或公式可循。但是次文本所執行的功能卻是可以審理的，在傳統文學作品中，幾乎所有的次文本都執行相同或類似的功能。

　　但是就上述諸版本的李楊愛情故事而言，語言的線性傳播更容易凸顯出敘事的價值與意義，因為故事的最大形式意義就是敘事。次文本都是按照順敘的規則被歸置在主文本之後，而並不採取倒敘的形式事先提出，當然，這樣做的目的很大程度上是為了讓受眾信服，從而迅速進入故事情節，促使「故事時間」與「敘事時間」保持一種向量性的同向。

　　這種敘事策略實際上是促使整個文本在敘事上的合法化。次文本在執行其倫理道德功能的同時，亦要服從對於文本合法化認同的佈置。兩者在本質上構成了兩個敘事主題，前者為前提，而後者為後果。前提為文本提供合法性的認同，而後果則為文本執行倫理道德功能，但是與此同時將前者的合法性也迅速消解掉了。

　　由是觀之，中國傳統文學是注重於次文本所執行的功能性而對於「合法性」並不甚關注。「文以載道」、「無關風化體、縱好也徒然」是事關文本與倫理功能關係的定義，即要求承擔一種烏托邦式的「國家主義」意識，而「我手寫我口」、「文為心之聲」則是事關文本與道德功能的關係，強調一種自我的寫作愉悅。至於文本跨語境所導致、凸顯的合法性危機則不甚關注了。

如上述四個版本的李楊愛情故事而言，次文本的功能性實質上在不斷地變化，楊貴妃在整個文本中的敘事地位也在不斷發生著各種各樣的嬗變。審理次文本所執行的功能性意義，實際上是對文學、倫理與歷史三者之間博弈關係的重新體認。文學作品中部分文本所執行的功能實質上存在著多重能指性，既有文學中的敘事功能，又有倫理道德功能，但是究其文本的合法性而言，卻在深層次上遇到了邏輯危機。

危機如何消解？不同時代的寫作者面對同一個故事梗概所採取的敘事策略不盡相同，其次文本的功能意義又呈現出一種何樣的演變規律？對於這種危機與規律的檢省又有什麼樣的現實意義？後文將力圖從敘事學與闡釋學的角度一一陳述[5]。

五、二元結構中的文學功利主義

與張光年稍有不同，另一位文學史家周貽白先生對於中國傳統文學中「次文本」所執行的倫理道德功能有著另一種看法：

> ……把雷震、鬼捉看成是天報、陰譴。這裡面反映出來自群眾的一種道義上的責備，實質上則為被壓迫者對施行壓迫者的極端憤恨……雷震和鬼捉，正體現了當時人民的這種願望，所以能使人心稱快，觀眾群趨[6]。

---

[5] Gerard Genette, Speech of Narrative, Basil Blackwell Press of Oxford, Paris, 1986.

[6] 周貽白，《中國戲劇史發展綱要》，上海古籍出版社，1979

　　「雷震」和「鬼捉」是次文本執行倫理道德功能的一種具象形態，當然亦有「好人有好報」、「有情人終成眷屬」，這是執行該功能的另一種形態。但是周貽白先生在這裡用了「群眾」這樣一個定義，即文本的服務對象是廣大受眾，文本的文化能指是大眾性的藝術形式。受眾的「敘事時間」決定了文本的傳播學意義，文本與受眾構成了一種二元結構。從傳播學上看，受眾完全接受了資訊並且獲得了審美的愉悅，文本便成功地完成了一次傳播，這便是文本的合法性所在。而文本內從語境 A 到語境 B 的過渡所存在的弔詭，則可以被忽略不計了。

　　《長生殿》實際上在這裡表達了是一種不同的文本執行功能。洪昇由明入清，與同時代的孔尚任、吳偉業等人同為「二臣」。懷明之情無法釋懷自是人之常情。洪昇選李楊愛情作為寫作素材，對於「亡唐」同樣也有一種相同的共鳴，即寄託一種倫理道德性質的敘事。那麼如果解讀者深入到文本內部，從受眾這個層面進行解構的話，就很容易發現四個文本中所屬的四個寫作者其敘述姿態各不相同，這種不同既體現在他們所持「一元」之執行功能不同，「另一元」之合法性的建立亦有所不同。

　　在《梧桐雨》中，楊貴妃與李隆基的夢中相見，只在第四折中有稍稍地幾句，而且與前面兩種李楊愛情的版本相迥，在《梧桐雨》中，白樸並未設置「方士」這樣一個敘事者的角色，但是卻設置了一個無關痛癢的「青衣」宮娥，當然，宮娥在這裡並沒有任何的敘事價值。

> 旦上云：妾身貴妃是也，今日殿中設宴。宮娥，請主上赴席咱。
>
> 正末唱：忽見青衣走來報，道太真妃，將寡人邀，宴樂。
>
> 正末見旦科，云：妃子，妳在那裡來？
>
> 旦云：今日長生殿排宴，請主上赴席。
>
> 正末云：吩咐梨園子弟齊備著。
>
> 旦下
>
> 正末做驚醒科，云：呀，原來是一夢！分明夢見妃子，卻又
> 　　不見了！

　　白樸生在元代，且正是朝代鼎盛之時，南宋政權昏聵無能，遼金又先後入主，習慣了「外族侵略」的治下民眾早恨不得改朝換代。正因為此，與清代不同，元代統治者獲得天下之後並未出現狹隘的民族衝突，被統治者也樂得讓蒙古族來統治自己。這樣一來，元代治下的民眾對於「國家／民族」這樣一重反抗意識就不那麼明顯了。

　　較之《長生殿》而言，《梧桐雨》並沒有著力渲染李楊在陰曹地府的會面，甚至兩人見面的語境都只是李隆基的夢境，無非是楊貴妃設宴，邀請李隆基赴宴，後者還未來得及赴宴便在梧桐雨聲中驚醒。整個次文本實際上呈現出執行倫理道德功能的遞減。

　　《長生殿》在敘述李楊見面之前，即次文本形成斷裂之時，做了一個類似於緩衝的「鋪陳」，即蘇珊‧桑塔格所說的「過渡敘事」（transition narrative）。這與《楊太真外傳》的那個「情節交代」類似，但是《長生殿》中所添加的是叫做《哭像》第三十二齣戲：

（丑，宮女、內侍俱哭科）（生看像驚科）呀，高力士，你
看娘娘的臉上，兀地不流出淚來了。（丑同宮女看科）呀，
神像之上，果然滿面淚痕，奇怪，奇怪！（生哭科）哎呀，
我那妃子呵！

【三煞】只見他垂垂地濕滿頤，汪汪地含在眶，紛紛地點滴
神臺上，分明是牽衣請死愁容貌，回顧吞聲慘面龐。這傷心
真無兩，休說是泥人墜淚，便教那鐵漢也腸荒。

如此裝神弄鬼，近乎《聊齋》。

在這層「斷裂」中，楊貴妃的出場顯得詭異而又牽強，李隆基
祭遺像，遺像流淚，這連托夢或夢境敘事都比不上。顯然是不符合
人間常理的，即文本中跨語境之弔詭，這一出讓後面所有全然沒有
了之前的合法性，從情理上說，突兀而又不切實際。

洪昇之所以如此渲染，目的在於敘事的功利性，即借唐亡借指
明亡，以「胡人」安祿山借指同為「胡人」的滿清。整個次文本實
際上與南明弘光朝廷包含相同的能指。洪昇的整個劇作實際上都蘊
含著一個巨大意圖，即意圖喚醒受眾們的審美認同。這種認同既包
含受眾與文本之間的互動，也包含聯想式與同情式的認同，作者所
營造出來整個文本實際上就是為了後面的次文本服務，不管用什麼
形式，作者都要將次文本引出，因為這是敘事的關鍵[7]。

綜上所述，構建次文本其本質的目的就是為了使次文本執行一
種倫理功能，而在不同的歷史語境中，這種倫理功能亦在不同的趨

[7] Hans Robert Jauss, Aesthetic Experience and Literary Hermeneutics, University of Minnesota Press, Minneapolis, 1982.

勢中呈現出不同的樣式，且與主文本的「合法性」存在著一種此消彼長的共生關係。主文本與次文本的二元結構中所凸顯出來的文學功利主義導致了文本的側重——是以合法性為主還是以執行倫理道德功能為主？

六、「大眾文化」語境下的文本學解讀

洛文塔爾認為，所謂大眾文化，實際上是「人們在滿足生理和物質的生存需求之外，還要解決生命中那段睡覺和工作之余的時光如何度過」的問題。「大眾文化」包含三個導向性的能指，逃避（escape）、消遣（distraction）以及「虛構的情感」（borrowed emotions）。

大眾文化在文學上的反映，就是俗文學的發生。所謂俗文學，趙毅衡的解釋是「一些共有某些性質的書面文本的集合稱呼」，而這個集合則是由批評共識歷史地確定[8]。對於俗文學的判定，研究者多半從「文化文本」（culture text）出發來解讀其語義。一般來說，界定於「俗文學」範疇內的文本是一種存在於葛蘭西所稱的「文化消費」領域之上。要瞭解文化文本，如何被賦予意義，則需要一種對文化消費的思考，這將使我們超越對一個文本的本義（meaning of a text）的興趣，而轉向關注一個文本可能產生的意義範圍。這一切正如約翰・弗洛與墨美姬認為的那樣，所謂文本就是「一種『各

---

[8] 趙毅衡，《禮教下延之後：中國文化批判諸問題》，上海文藝出版社，2001 年。

層次』的相互交叉而運作的，而不是指一個單一刻錄層面上建構意義的場所」[9]。

同一個進入文化消費層次的文本，在不同的歷史語境中，呈現出的是一種動態的、不規則的變化形式，其變化的唯一依據就是對於歷史語境的一種服從，不服從的直接結果就是將在歷史、文化、政治與社會這四重語境中徹底抹殺。這不是個人意志，而是一種歷史動因（history driver）[10]。

巴爾特勒‧凱拉瑪（Balltale Kalama）對於《長生殿》提出了自己的觀點，他認為，《長生殿》實際上是一種代表性的文本，其最大的特徵就是以在不改變文本能指的前提下改變敘事方式（narrative style）。目的就是在於塑造一座溝通作家自身與整個文學場的「橋樑」。「橋樑」自身也具備一種所指，即作家的敘事立場（或曰寫作姿態）[11]。

他的觀點直接而又獨到，確實《長生殿》作為李楊愛情故事的最後一個版本，所凸顯出來的意義實際上與之前的各個文本存在著淵藪聯繫。文學作為意識形態的具體形式，依託意識形態的流動而發生自發性的遷移，這是凱拉瑪的睿智之處。但是凱拉瑪對於《長生殿》文本演變規律的分析，卻是從「文學場」出發的，而並非深入到文本內部，究其的方式而言，是含義性的而非功能性的。

---

[9]　約翰‧斯道雷，〈文化研究：一種學術實踐的政治，一種作為政治的學術實踐〉，《文化研究精粹讀本》，中國人民大學出版社，2005 年。

[10]　陳平原，《現代學術史上的俗文學》，湖北教育出版社，2004 年。

[11]　Balltale Kalama, Chang-Sheng Dian: Text and Structure of the Cultural Function, Oriental Culture Research, Vienna, 2006/12.

筆者認為，作為一種與社會意識形態「共生」的文學表現形式，同一故事在不同文本中敘事的變化，實際上是一種文本功能的博弈，在這個博弈的歷史過程中，其合法性不斷地被剝離，最後在《長生殿》那裡，合法性徹底坍塌，而其次文本所執行的倫理道德功能獲得了最大可能與限度的執行。

歸根結底，這種演變趨勢仍然是作為一種「俗文學」的生存規律而演變的，文學有自己的生存法則，為了避免自己被邊緣化從而進入「亞文化」形態，李楊愛情故事出現如是演變，正是因為如此。

在大眾文化的語境下，文本的合法性不斷缺失，功能性不斷增強，實際上是一種力圖贏得更多審美話語與「消費」的策略形式，作為一種生存形式就為大眾接受的俗文學，李楊愛情故事的演變趨勢，本與此有關[12]。

柯林‧斯巴克斯（Colin Sparks）認為，文學的規律性就在於其與政治、經濟、社會、文化的「共生性」，且後四者誰也不具備「事先解釋」的權利。而文化研究則是其唯一的「合法性」出路。「作家所想，並非你在文本中所看到的那樣」[13]。而筆者曾與斯巴克斯討論文本的存在形式時，斯巴克斯亦認同筆者的觀點，即「文本存在於共時性（Synchronicity）而非歷時性（Diachronicity）之上」，這便是解讀「李楊愛情故事」的關鍵所在。實際上就楊貴妃第二次的出場形式即整個次文本的元敘事而言，都不斷在一個巨大的功能

[12] Leo Lowenthal, Chapter 1 Popular Culture in Perspective, Literature，Popular Culture, and Society, California Pacific Books, 1968.

[13] Colin Sparks, The Evaluation of Cultural Studies, What is Cultural Studies? John Storey, Arnold Press, England, 1996.

之中發生嬗變，我們所看到的文本變遷或次文本的功能變遷，正是文學接受的變化趨勢。

不難理解，我們所看到的《長生殿》正是一個完整歷史故事在漫長的文本傳播過程中發生嬗變的結果，洪昇所做的只是對於其次文本功能性的再一次拔擢，而對於整個故事的敘事價值與合法性而言，只能蕭規曹隨而已。畢竟文學自身的客觀規律，並不受某個個體作家的個人意志與主觀能動所制約決定。

原文發表於《邯鄲學院學報》，二○○八年八月卷

代　跋

寫作理應是一種生活方式

提問者：馬建智，四川大學文學與新聞學院博士，西南民族大學文
　　　　學院碩士生導師。

對話者：韓晗（以下簡稱韓）

地　址：四川大學南門某餐廳

時　間：二〇〇九年六月

問：作為一名寫作者，你有著兩種不同的被理解方式，在一些人眼
　　裡，「韓晗」這個名字，是一個令人驚羨、欽佩的名字，而在
　　另一些人眼裡，「韓晗」是一個陌生的名字，你是去理解這兩
　　種不同的解讀？

韓：這兩種不同的解讀實際上隱藏了我這六年來的寫作經歷，從二
　　〇〇四年一月至今，正好是我從文六年的紀念。有人說，作為
　　作家，我是不成功的，因為我沒有像郭敬明、安妮寶貝那樣有
　　很叫好的小說──而且我只有一本小說出版，這是有些不稱職
　　的，但是也有人說，作為作家，我是相當成功的，因為我的主
　　要寫作體裁是散文與文學評論，《人民文學》、《中華散文》、《讀

263

者》、《作品》等知名期刊都登過我許多散文作品，並且還上過中國散文學會與《散文選刊》的排行榜，但是現在的散文也被邊緣化了，所以我沒法與其他小說作家相提並論。

我還有一個身份，是文學評論者。這當然得益於我近年來對於當代文學的研究與探索，但是這種研究與探索的寫作仍然是小眾的，主要迴響在學術界，而不在民間，所以，我此刻的寫作狀態仍然是較為小範圍的，或者說，在學術與散文之間游離，並未進入文學場的核心。

您剛才說的這兩種不同的解讀，是我的寫作方式。一開始我就沒有想過成為一名職業作家，在中國職業作家是很難生活的，我的目標是想成為一名大學教師——用時髦點的說法就是「學者型作家」，這個目標我在二〇〇四年初就想好了，記得當時我第一個告訴的人是張悅然，那時她還在新加坡，也是剛出新書。只是當時張悅然還不理解我的想法，當然，現在或許她會理解了。

問：我記得著名學者趙毅衡先生對你曾有過這樣的評價：「韓晗是八〇後新一代中很少見到的『文化人』，這種文學吾家事，文字上十八般武器無所不能的文化人，『五四』時代常見到，但此後就日漸少見，在專業分工過細的當代，幾乎絕跡。」你認為趙毅衡先生的這句評價對你的創作有什麼啟示？

韓：趙毅衡先生是我很敬重的前輩學者、著名作家，應該說，他是目前國內知識界真正有著「五四」精神烙印的文化人，我在他的身上，總能恍然地感覺到梁實秋、邵洵美等老一輩知識份子的精神風貌，可以這樣說，他一直是我的榜樣。

　　至於趙老師說的這句話，我可以大言不慚地說，確實說到我心裡去了。當然，這並非是因為我不謙虛，而是因為趙老師與我在文學創作上有著非常相近的觀點。我們都很認同「五四」那一批作家的創作精神。

　　那一批作家，是真正地把文學當作「吾家事」的。譬如魯迅、梁實秋、周作人、廢名、老舍等等，他們既有很好的西學功底，也有很好的國學底子，他們既是一流的作家，也是一流的學者、翻譯家與社會活動家。這是為什麼那個時代經典迭出的原因。

　　我身上有很濃重的「五四」情結，我始終認為，那個年代的一批作家，他們的寫作姿態很值得讚賞，寫作理應是一種生活方式，而不是一種職業。藝術的職業化，只會讓藝術進入到類似於工業生產的「體系」當中，這是不應該的。

　　就我本人來說，我一直都是在積極地尋找寫作的興趣點，譬如我現在正在著手的兩個大工程，一個是「民國知識份子散文系列」，主要尋求「五四」時期那些被現代人遺忘的知識份子，並將它們散文化，一個是「民國文學刊物探索」，主要針對一些幾乎被現代人遺忘的民國文學社團、文學刊物進行研究，一方面考察其學術價值，一方面將其文學化，變成大眾喜聞樂見的文學文本，供更多的人瞭解、熟悉。

問：二○○九年你的《中國當代文學發展三十年》已在臺灣出版，並獲得了洪子誠、張頤武、陳曉明、樊星與王堯等諸多知名當代文學學者的一致好評，目前大陸簡體修訂版即將問世，能否談談你為什麼要將目光投射在「當代文學」，而不是你剛才所喜歡的「五四」？

韓：我的第一本系統性的學術專著目光在「當代文學」，這是很多
　　人沒有想到的。許多人都會認為，我選擇「五四」、民國基督
　　教或民國出版業作為我的寫作對象。但是我最願意去研究、解
　　讀的興趣所在仍是當代，我只不過是用「五四」文學作為當代
　　文學的參照而已。

　　　　這本書的寫作實際上也是我個人創作觀的寄託。在這本書
　　裡，我批評了當代中國文學創作先承後續的兩個主流階段──
　　以「作協專業作家」為代表的文學職業化、政治化與以「出版
　　產業化運作」為代表的文學商業化、娛樂化，這兩個階段的產
　　生，就直接導致了當代文學沒有好作品問世。

　　　　但是，可悲的是，我們現在仍然沉湎於「自造偶像」的無
　　知階段，某作家獲了什麼獎，就立刻捧到天上，各種頭銜紛至
　　遝來，恨不得讓他去獲諾貝爾獎才甘心；某作家出了什麼書，
　　就讓他擔任各種繁重的行政工作，美其名曰「人才培養」，這
　　是不利於文學的舉措，也是不熟悉文學規律的隨意行為。

　　　　作家創作，就是一種隨意性的行為。巴爾扎克、福樓拜、
　　海明威，包括魯迅，誰也不是作協養著的，也不是書商炒作的，
　　而是他們自始至終把寫作當作一種生活方式。夜深人靜的時
　　候，寫點東西，當作消遣，在強烈的功利性之下，創作出來的
　　東西都不能算是好作品。魯迅說他把別人喝咖啡的時間用來寫
　　東西，我倒不認為他是勤奮，我認為在他看來，喝咖啡與寫作
　　都是愛好，都是生活方式。

　　　　在這個問題上，我與另一位學者楊小濱先生有著共同的認
　　識，他在美國，看問題看得或許更透徹一些，記得我曾向他提

及某位大陸「知名作家」的名字，他直接告訴我，他並不認為他是大作家，這位「作家」在將僅有幾部小說被搬上電視之後，從此就翻來覆去地炒剩飯，在書商的「策應」下，他頻出各種文集，出席各種商業活動，在電視螢幕上與三流歌手演員們一道做秀，這種人在五四時期，恐怕是活不下去的。

當代人對於歷史的批評權力應該是很小的，這也是我為什麼把目光放在當代的原因，我們不熟悉歷史，根本不知道那個年代人的真實想法，就像現在有些人指責魯迅、周作人一樣，我認為這種人是可笑的，但是我們有權利批評現在，我們是當代人，我們必須要為後人留下一筆真實可信的精神錄，我們歡迎後人將我們的現實與這個時代的批評一起放置到長遠的歷史視野去考察，而不是讓後人來妄自無端地猜測我們。

問：著名哲學家、中國人民大學哲學系博士生導師干春松教授曾在博客上稱讚你為「少年天才」，的確，十八歲出版長篇小說的作家在中國現當代文學史上確不多見，縱然在世界文學史上也是微乎其微。從時間上看，你和韓寒的起步年齡一樣，作為與「八〇後」創作的發展同步的寫作者，通過這六年的創作，你認為「八〇後」與「七〇後」甚至「六〇後」作家最大的區別是什麼？

韓：干春松先生是我一直非常欽佩的哲學家，他的作品我基本上都讀過，曾給過我很大的啟發，而且在我的散文中也多次援引過他的觀點，我非常感謝干老師一直對我的支持與鼓勵，但說實話，我不相信也不敢相信有天才一說，而且作為一個寫作者來

說，天才只是他獲得靈感的一部分，特別對於「八〇後」來說，「天才」更不意味著有所作為。

至於「幾零後」這個問題，我想說的是，無論是「幾零後」，只要他們還健在，還在創作，那麼他們都是中國當代文學的組成，就必須要放置到當代文學這個領域中去衡量。

「六〇後」與「七〇後」甚至「八〇後」並沒有顯而易見的差別，譬如說，很多文筆老練的「八〇後」作者，其作品很難被當作「八〇後」的文本來解讀，尤其是一些散文與歷史小說創作，根本沒法用作家的年齡來劃分。

我不贊同用年齡來劃分作家的方式，年長的「七〇後」未必就比「八〇後」成熟、老成，但是，贏得市場的「八〇後」未必就能比「七〇後」更優秀。作為一個寫作者，我最大的目標是把文章寫好，把每篇作品寫好，作為一個評論者，我一般只關注作品，而不是作家的身份。

為什麼說很多嚴格的文學獎，都是匿名評審出來的？恐怕就是這個原因，現在很多編輯、學者一看文章作者是八〇後，頓時心生反感，腦海裡出現的對應詞不是囂張跋扈、不可一世，就是紅頭綠羽、故作矯情，這或許也是為什麼很多「八〇後」作家們在創作道路上越來越難走的原因。但是，經過這六年沉澱，很多「八〇後」作家都改行了——當然，很多一部分是混入文壇，以出書作為求職發財道路的，剩下還是有很多的優秀作家，經過了市場化的磨練，他們的作品仍然非常出色。

　　你說我這六年的創作是與「八○後」創作發展同步，我還需要補充一點，我和很多「八○後」寫作者一起，幾乎還是與中國出版產業化同步的，二○○三年正好是中國出版產業化的第一年，有很多作家那年和我一起進入文壇，現在仍然有歷經磨難挫折還在「堅持戰鬥」的，他們都是好樣的，其中有很多作家雖然改行──但是仍然沒有放棄創作，他們把文學創作當作了一種生活方式，這很好。我相信，今後他們必然會是中國文學走向世界的頂樑柱。

問：能否具體談談你的創作體驗，或者說，對於你最擅長並且取得較大成績的散文創作，你有什麼感受？

韓：在這裡，我想講一個我親身經歷的故事，去年初，我應邀去某一個大學做講座，邀請我去的，是一位非常漂亮的學生會女幹部，這個女生一開始對我顯示出了很瞭解與較為崇拜的樣子，甚至連我早些年覺得很不得體的作品她都津津樂道，我既感到自愧，亦有些感到高興，作家從來都是不嫌讀者多的。但是，當我跟著她走進會堂的時候，她說的第一句話卻讓我有些非常的不舒服，她說：「熱烈歡迎作家韓晗先生來給我們講課，希望喜歡寫小說的同學多向韓晗先生請教。」

　　在這裡我沒有任何嘲笑或是譏諷這位女生的意思，我的意思是，在大多數時候，很多人會把「作家」與「小說家」等同起來，就像「醫生」這個辭彙直接指向「西醫」一樣，很多時候來自於我們內心的東西會將一些概念的內涵或是外延進行改變，這個問題早被德里達等結構主義學家說得很透徹，在這裡我就不多說了。但是，我最擅長的是卻是散文，卻不是小說，

這不錯，我現在很久沒有寫像樣的小說了，當然，有時候也會寫一點，但未能體系化。

我曾在去年底總結了一下，從二〇〇三年到現在我一共發表了兩百四十六篇散文，其中主要集中在文學期刊上，像《青年文學》、《民族論壇》等雜誌都為我開設過較長時間的散文專欄，並且現在還在為《讀者》雜誌撰寫專欄，其他稿件也都零零散散地發表在《人民文學》、《中國民族》、《中華散文》、《散文選刊》、《海燕》、《作品》、《滇池》與《鴨綠江》等刊物上，林林總總的兩百餘篇，通過我的感受，我覺得這些論文似乎都在指向同一個命題──反思。

所謂反思，理由很簡單，我的這些散文都是隨性之作，有時是背著筆記本電腦，在麗江下面的小餐廳寫的，有的是在汶川某小旅館裡寫的，有的是晚上一個人在練完書法以後寫的。我沒想過這些散文今後能夠結集出版，更沒想過獲得這樣或是那樣的文學獎。社會習慣認為，寫散文的不是作家，寫小說的才是作家，我當時加入中國作協時填表，「主要創作體裁」那一欄填寫的卻確實是散文。我認為，散文本身有比小說更強烈的反思性──尤其是對於日常生活的反思，因為散文本身比小說更接近純文學，它拋棄了情節、結構、敘事等一系列附加元素，直接以文學的形式進入到客觀存在的深處，像我這種把文學當作生活方式的人，更適合於散文創作。

問：在青年作家中，像你這種不為功利而寫作的作家實在是非常少，特別是把寫作當作生活方式的，可以說是鳳毛麟角了。你是如何理解文學創作與生活兩者之間關係的？

韓：我認為，文學是一種很虛的東西，但它一旦和生活相聯繫，就
又變得很實在，以前我們說，文學源於生活高於生活，恩格斯
在他的名篇《致康拉德‧施米特》裡也說，文學是「漂浮在上
空」的意識形態，這些論斷都說明，文學本身就有著虛與實的
兩重屬性。我主張文學作為一種生活方式，而不是讓文學來替
代生活──文學來替代生活就是作家的職業化。就我個人的感
受而言，關於文學創作與生活的關係，我認為有三點值得注
意。首先是文學創作自身的規律屬性，在任何時代，文學創作
本身是生活的一個部分，它與「生活」是母集與子集的關係，
生活為文學創作提供營養，而文學又作為生活的調劑，寫作者
與生活、文學的關係應該採取兩兩旁觀的態度，既要與生活保
持距離，也要與文學保持距離，這樣才能以更精準的態度，以
文學的態度更客觀地把握生活，很多人不是專業作家，但卻有
著很優秀的作品，很大程度上就是這個原因。

　　第二，文學創作並不適合所有人。我從來不會鼓勵某個中
文系的學生，好了，你去當作家吧。我在很多大學都有過講課
的經歷，每當講完之後，都會有學生拿著自己的稿子找到我：
「韓老師，我能當作家嗎？」我說：「你最好不要當作家，如
果你非要做，你千萬不要當職業作家。」有時候我都會因為我
說出這樣的話而好笑，當然我當時的態度確實是很嚴肅的。寫
作有時候確實是苦力活，這種痛苦並不是任何一個人都能承受
的。如果你把文學當作職業甚至信仰，你某天靈感枯竭了怎
麼辦？

　　第三，文學和生活的關係，應該是鏡子和本體的關係，文學是生活的反映，這種反映是建立在寫作者本身精神狀態之下的。有些外企職員寫出了職場小說，有些導遊寫出了遊記散文，我認為這才是真正意義上的文學，一個作家，自己待在家裡閉門造車，或是到某單位掛職三兩天，再寫出相關題材的小說，這是不切實際的，這不是文學，這最多只是一種類似於幻象的文本。

　　文學文本一旦與幻象掛上這就很可怕了，當然，我在這裡不是指科幻小說，有些文學本身說的就是幻象，作者可以告訴大家，這就是科幻，就是神話，大家不會把這個文本當真，那麼這個文本本身不需要承擔任何責任，但是有些作家卻打著寫實主義的旗幟，但在文本中卻拉進去太多他自己自我的、想當然的東西。比如現在有些小說是鼓吹「小三」的【編者按：「小三」指的是夫妻外遇的對象或情侶移情的對象】，但事實上現實生活中幾乎所有的「小三」都沒有好的下場，但是小說裡的「小三」卻「從此過上了幸福的生活」，但事實上他沒有當過「小三」或者說他沒有把「小三扶正」的經歷，那麼他的這個文本最多只是他意識形態的反應，而不是他生活的反應，這種文本很容易對讀者產生誤導，特別在這個價值觀多元甚至有些混亂的社會裡。

　　我總說，文學不應該「載道」，但也不應該「叛道」，前些年的身體寫作、下半身寫作與欲望寫作等若干主題風起雲湧，無論男作家、女作家，都蜂擁而上將自己的性事大肆宣揚，西方、日本的小說裡也有這種敘事，但人家卻能給美感，而我們，

卻只是沒休止的肉欲，為什麼？恐怕還是因為這些作家本身不是在用文學來敘述生活，而是用文學來意淫，與幻象的文本相比，這種文本就更可怕了。

　　之所以我主張把文學作為一種生活狀態，除了我本身喜歡較為單純的散文創作之外，很大原因還是因為我的文學觀。很多寫作者急功近利，希望一炮而紅於是便去寫流行小說，如果還嫌不夠快，那就去寫身體寫作、離奇古怪或有悖人倫的小說——確實，這是一種一夜成名的方式，我們的媒介確實還缺乏監管，大眾的價值觀的確仍存在問題，但是這並不意味著從事這樣的寫作會離文學更近，而是離文學更遠了，或者更苛刻點說，這是「出版產業化」在不成熟階段產下的惡果。

問：讀你的評論，有時候感覺很尖銳，甚至很痛快，但讀你的散文，卻很溫婉，很平和，作為當下一名作家，你是否會因為自己的批評而將自己的寫作姿態弄混亂了？

韓：批評也要自我批評，很多優秀的作家都是批評家，這不奇怪。除了我的雜文之外，我的學術論文還是很平和的，我盡量不去觸碰一些文壇的矛盾，很多問題不是我一個人可以去解決的。趙毅衡先生也說過，與很多作家、評論家相比，我是相對獨立的。但是我也要注意到很多文學同行的情感，畢竟文學批評不是馬路上罵街，中國的新文學才剛剛九十年，而且期間還有如此頻繁的政治運動與戰爭，而西方的文藝復興卻有了三、四百年的歷史，很多問題不是靠發牢騷就能解決的。

　　我雖然從事文學批評，但並不欣賞很多批評家的「酷評」姿態，這個詞現在還沒有更精準的英文翻譯，但是這確實是一

種故作姿態的刁鑽批評，我向來主張，「現代文學以史為主，當代文學以論為主」，並且我自己也是這麼去做的。因為當代文學尤其是新時期文學，史料的意義遠不如批評的價值，我們無法要求古人，但可以要求今人，這是我為什麼如此用心在文學批評上的原因。

一種秩序的重構，需要我們大多數人來解決，並不是一個人幾個人可以去完成的。尤其是文學秩序，我承認，我需要自我批評，更需要來自於別人的批評，但這種批評必須要是帶有目的性的重構，我們改正了某些問題，獲得了一個什麼樣的結果？而不是為了批評、炒作或是個人恩怨而批評。

那麼，對於這種批評的追求就不會讓我有「弄混亂」的可能了。因為我的散文也是對於我本人文學觀念——即文學作為生活方式的實施與踐行，而我的批評也是一種對於文學觀念的實施與踐行，兩者在這一點上並不矛盾，所以說，我的批評實踐是不會影響到我的文學創作的。

問：還是回到上面那個問題，作為一名批評家，你取得了同齡學者頗為羨慕的成就，張頤武先生曾讚譽您的批評文章「出手不凡、很有見地」，和張頤武先生類似，你的批評也以尖銳而聞名，我想問的是，今後你是否會嘗試著用另一種平和、溫婉的方式來進行你的批評呢？

韓：我的觀點很明確，既然是批評，你就沒法忽視現實的問題，究竟什麼是批評？我始終認為，批評不等於評論，不等於研究，做理論研究，我們可以採取「大膽假設、小心求證」的方式，但是文學批評並不一樣，我反對「酷評」，因為酷評所反映的是

一種偽閱讀的狀態，很多酷評作者並未對原文與作家本身有所解讀，倉促評論，這種評論完全出於主觀，是一種危險的評論。

批評家之所以成為批評家，是因為其所代表的是文學本身，而不是任何其他的代言。批評是一種立場，而不是一種姿態。以前有人喜歡說「批評姿態」，既然擺出姿態，就是一種作秀，而立場則是批評家所站立的出發點，我們常常要求作家有自己的敘事立場，批評家更要有立場，那麼為了表明自己的立場，那就必須要採取一種手術刀式的批評策略，而不是平和、溫婉的娓娓道來。

中國當代文學及其批評有很多問題，一些問題已經很嚴重。學術拉幫派、作家抱團體，以及動輒稱「師門」、「哥們兒」的做派，不像是文學界，反而有些像青紅幫，這對於文學的發展百害而無一利，這是批評家的缺位與失職，所以，我更呼喚一種有立場的、尖銳的批評——或者說，這也是一個有良知的批評家應有的生活方式吧。

問：談完了你的批評觀，還剩下最後一個問題，我想問的更傾向於文學創作一點，你最喜歡創作哪種風格的散文？或是，你最滿意的散文創作是哪一種風格？

韓：我最滿意的是關於歷史反思的散文，當然這並不意味著我放棄對當代的思考，恰恰，正如哲學家法蘭西斯‧福山所說，反思歷史的目的正是要反觀當代，當代人所存在的問題往往要從歷史中去解決，這就是以史為鑑的實踐。但是就我個人來說，對於歷史遺跡、歷史事件、歷史人物與歷史文化等問題的散文化，仍然是我目前從事散文創作最好的突破口。

　　從文學精神上說，我們這個時代最大的問題，仍然是關於歷史的。一方面，職業作家與暢銷書作家為了搏得眼球【編者按：吸引目光】，戲說歷史、篡改國故，在小說、電視裡，皇帝大臣可以天上飛，古人竟可以唱卡拉 OK，這一切的目的只是為了讓大家哈哈一笑，這種情況在西方、日本甚至韓國都很少見，恐怕這是中國人在當代的專利，但是我們的後人看到我們把這樣的東西留給他們，實在是一種悲哀。

　　那麼，我們必須要重構歷史，把歷史還原到原來的樣子，儘管不好看，儘管不嚴肅，但卻是事實。因為有些東西，我們必須要去尊重他，這是一種習俗，也是一種道德儀式。任何一個再開放的國家，都不會在國務院門前設賭場或紅燈區，其實這個道理都是一樣的。

　　另一方面，我們大家對於歷史仍然瞭解的不夠，這當然與作家們的不負責任有很大關係，這也與「厚今薄古」的社會思潮有關係。克羅齊說，一切歷史不過是當代史，這句話流傳甚廣，但這並不是讓我們輕視歷史的作用，文學很多時候可以彌補這種不足，特別是把文學作為生活形式──因為只有這樣才會迫使我們去閱讀，去感知，去瞭解歷史的原典與真相。畢竟與世界其他的國家相比，我們大家的閱讀總量與平均量還太少，所以，對於一個國家、一個民族來說，文學也是一種非常可取的生活方式──但至於像康乾盛世那種「家家『收拾起』，戶戶『不提防』」的崑曲文學大普及時代，我們是沒法奢望的了。

國家圖書館出版品預行編目

話語的秩序 ： 文化當代性諸問題批判 / 韓晗著.
　-- 一版. -- 臺北市：秀威資訊科技, 2010.05
　　面；　公分. -- (語言文學類；PG0340)
　參考書目：面
　ISBN 978-986-221-427-5 (平裝)

1. 文化評論　2. 文學評論

541.2　　　　　　　　　　　　　　99004462

 語言文學類　PG0340

話語的秩序
──文化當代性諸問題批判

作　　者 / 韓　晗
主　　編 / 蔡登山
發 行 人 / 宋政坤
執行編輯 / 林泰宏
圖文排版 / 黃莉珊
封面設計 / 姜春平
數位轉譯 / 徐真玉　沈裕閔
圖書銷售 / 林怡君
法律顧問 / 毛國樑　律師
出版印製 / 秀威資訊科技股份有限公司
　　　　　台北市內湖區瑞光路 583 巷 25 號 1 樓
　　　　　電話：02-2657-9211　　　　傳真：02-2657-9106
　　　　　E-mail：service@showwe.com.tw
經 銷 商 / 紅螞蟻圖書有限公司
　　　　　台北市內湖區舊宗路二段 121 巷 28、32 號 4 樓
　　　　　電話：02-2795-3656　　　　傳真：02-2795-4100
　　　　　http://www.e-redant.com

2010 年 5 月 BOD 一版
定價：350 元

・請尊重著作權・
Copyright©2010 by Showwe Information Co.,Ltd.

讀 者 回 函 卡

感謝您購買本書,為提升服務品質,煩請填寫以下問卷,收到您的寶貴意見後,我們會仔細收藏記錄並回贈紀念品,謝謝!

1. 您購買的書名:＿＿＿＿＿＿＿＿＿＿＿＿＿＿＿＿

2. 您從何得知本書的消息?

　　□網路書店　□部落格　□資料庫搜尋　□書訊　□電子報　□書店

　　□平面媒體　□ 朋友推薦　□網站推薦　□其他＿＿＿＿＿＿

3. 您對本書的評價:(請填代號　1.非常滿意 2.滿意 3.尚可 4.再改進)

　　封面設計＿＿　版面編排＿＿　內容＿＿　文/譯筆＿＿　價格＿＿

4. 讀完書後您覺得:

　　□很有收獲　□有收獲　□收獲不多　□沒收獲

5. 您會推薦本書給朋友嗎?

　　□會　□不會,為什麼?＿＿＿＿＿＿＿＿＿＿＿＿＿＿＿＿

6. 其他寶貴的意見:＿＿＿＿＿＿＿＿＿＿＿＿＿＿＿＿＿

＿＿＿＿＿＿＿＿＿＿＿＿＿＿＿＿＿＿＿＿＿＿＿＿＿＿＿

＿＿＿＿＿＿＿＿＿＿＿＿＿＿＿＿＿＿＿＿＿＿＿＿＿＿＿

＿＿＿＿＿＿＿＿＿＿＿＿＿＿＿＿＿＿＿＿＿＿＿＿＿＿＿

讀者基本資料

姓名:＿＿＿＿＿＿＿＿＿　年齡:＿＿＿　性別:□女 □男

聯絡電話:＿＿＿＿＿＿＿　E-mail:＿＿＿＿＿＿＿＿＿

地址:＿＿＿＿＿＿＿＿＿＿＿＿＿＿＿＿＿＿＿＿＿＿＿

學歷:□高中(含)以下　□高中　□專科學校　□大學

　　　□研究所(含)以上 □其他＿＿＿＿＿＿＿

職業:□製造業 □金融業 □資訊業 □軍警 □傳播業 □自由業

　　　□服務業 □公務員 □教職　□學生 □其他＿＿＿＿＿

請 貼
郵 票

To：114

台北市內湖區瑞光路 583 巷 25 號 1 樓

秀威資訊科技股份有限公司　　　收

寄件人姓名：

寄件人地址：□□□

- -

(請沿線對摺寄回,謝謝!)

秀威與 BOD

BOD（Books On Demand）是數位出版的大趨勢，秀威資訊率先運用 POD 數位印刷設備來生產書籍，並提供作者全程數位出版服務，致使書籍產銷零庫存，知識傳承不絕版，目前已開闢以下書系：

一、BOD 學術著作—專業論述的閱讀延伸
二、BOD 個人著作—分享生命的心路歷程
三、BOD 旅遊著作—個人深度旅遊文學創作
四、BOD 大陸學者—大陸專業學者學術出版
五、POD 獨家經銷—數位產製的代發行書籍

BOD 秀威網路書店：www.showwe.com.tw
政府出版品網路書店：www.govbooks.com.tw

永不絕版的故事・自己寫・永不休止的音符・自己唱